孟小冬传

我愿为你
洗尽铅华

华子 著

中国华侨出版社

序言
众里寻他千百度

京剧博大精深，很多故事源于历史，源于生活。没接触的人也许会觉得枯燥无趣，然而经过京剧演员的诠释，那个中的趣味和欣赏价值，是不容小觑的。京剧之所以能成为我国国粹，也正说明它的地位和存在不一般。而在京剧上有造诣的那些人，我们俗称的戏子，他们无不为了戏剧而贡献青春年华、精力和心血，但他们却在很长一段时间里被视为社会底层和卑微的象征。说到底也是时代的悲哀。

有能力的人，不应该被看低。有才华的人，应该被认同。

但人生却又岂能尽善尽美呢？多少戏子最终只落得悲凉的下场。我们也只能感叹一句：真是生不逢时啊！

但是幸好，还有那些被世人铭记的人物。

幸好，那里面包括孟小冬。

作为中国第一女老生的孟小冬，不敢说是后无来者，但绝对是前无古人。

她一生为爱痴迷，为名分执着而苦苦等待，为一生热爱的京剧艺术而奉献，她悔过、恨过，最终她那孤寂的半生和受过的伤害，赋予了她人生的意义。

陀思妥耶夫斯基说："我只担心一件事，我怕我配不上自己所受的苦难。"

在漫漫人生中，上帝给予我们苦难，并不是要我们躲避或是绝望，而是要我们迎难而上，把苦难化作继续前行的动力。孟小冬就是这样的女子，总是一直前行着，就算岁月无情地在她身上留下伤痕，她依然坚韧地站立在俗世中，清傲而不骄，出于淤泥而不染。她对得起她所承受的一切苦难。

她轰轰烈烈的一生，虽然不过是走马观花，镜中水月，那舞台的背后，又有多少个挥汗练功的日子，那些努力过的岁月，就让我们一起来品尝。

目 录
CONTENTS

第一辑

梦始梨园

壹 缘起

那是炮火轰隆的乱世，却又是英雄辈出的年代，那是历史的悲情诗篇，却又造就了许许多多传奇的人生。那些在红尘中颠沛流离，在乱世里苦苦挣扎，在命运面前跌跌撞撞的传奇女子，就像一首首永不老去的歌，一段段惊心动魄的文字，在逝去的岁月里，留下不灭的痕迹。

一盏清茶，一曲幽歌，游走于一页页恢宏篇章，时光缱绻过繁华的旧梦，纷扬的落花擦过佳人的肩头，在生命的尽头燃烧成灰烬。谁的一生让人悲叹，谁的一世让人神伤，又是谁的一个转身荒芜世事的无常。

岁月如歌，人生如戏。红色的布幔缓缓被拉起，声乐奏响，一段精彩的人生要开始了。清光绪三十四年，即1908年，冬天，上海的天气冷得让人发慌，棉絮般的雪花纷纷扬扬地落满整条寂静的弄堂。

在上海许许多多形色无异的普通弄堂之中，有一处人家传出来婴儿清脆嘹亮的啼哭声。这哭声的主人，就是中国第一女老生、京剧名伶，孟小冬。

孟小冬，名若兰，字令辉。小冬是乳名。在她出生的那天，父亲孟鸿群既欣喜又激动，虽然他一直希望妻子能够生个儿子，在这种乱世中，又是梨园世家，女子的命运总是比较脆弱。但小冬的到来还是让一家人很开心。第一次当父亲的他笑容满面地给每个来道贺的亲戚好友送上红鸡蛋。

在道贺的众多亲戚朋友中，有一位动作举止颇有京剧武生味道的中年男子，他从人群中来到婴儿的旁边，正瞅了一眼，原本已经安静躺在襁褓里的婴儿又立马大哭起来，任母亲怎么哄，都停不下来，反而越哭越响亮。这个人就是小冬的姨父仇月祥。只要他一说话一靠近，刚出生的小冬就感应到似的，越哭越厉害。亲友们都笑了，仇月祥开玩笑称赞小冬好嗓子，将来定会成为名角。虽然只是场面话，到后来小冬就真的应验了这句话，成为著名的京剧演员。

仇月祥问张氏孩子是否取了名字，张氏摇摇头，将襁褓里的初生婴儿递给他，让他给孩子取个名字。

仇月祥沉思片刻，不经意转头朝窗外看去，只见外边那纷飞的飘雪和浓浓的冬意，便说："就叫'小冬'吧！"亲友们都说这个名字好，简洁雅致，又十分应景。

其实孟小冬真正的出生年份是在1907年，但当时民间有个迷信的说法叫"腊月羊，守空房"，意思就是说这个时候出生的人命运会比较坎坷。小冬的父母害怕这个预言降临在女儿的身上，会影响她的一生，便将她的出生日子改称为1908年。

但是无论怎么躲避，还是避不过命运的安排。降临在孟小冬身上的一切都仍然像宿命般的偶然，却又是命中注定，要她来人间于红尘中遭受这些劫数。

出生于梨园世家的孟小冬，从小便深受京剧的影响，后来顺理成章地开始了戏剧生涯。一切看起来都那么自然，仿佛是理所当然的。从清朝开始，梨园界有一个规定，伶人的后代只能子承父业继续成为梨园弟子。这个规定对伶人来说有些不公平，甚至是残酷的。虽然唱戏谋生比很多需要在外面吹风淋雨的职业已经好很多，但是作为女子，走上唱戏这条路定是不容易的，本来伶人的社会地位就是偏低的，女伶的地位就更加低微了。而且当时女伶比较少，很难唱红，就算红了，也多数是红颜薄命的下场。

生在什么样的家庭，我们从来都无法选择，那是与生俱来的命数，我们只能承认自己的无能为力。但后面要走的路，我们总会有选择的权利。

孟小冬出生于这样的家庭，她没有选择。然而，如果命运可以重来一次，假如她又有选择权，还会选择戏剧这条路吗？

我认为，她会。她是热爱京剧的。

孟氏家族有历史记载的四代里面，有半数以上的子弟都是京剧演员。他们大半辈子都为戏剧而活。

孟小冬的祖父孟福保，人称孟七，祖籍是山东济南，他出身老徽班，擅长演武净兼武生。

所谓武净，也叫"武花脸"，净角的一种，在戏曲中扮演以武打为主的角色。而武生，就是京剧中擅长武艺的角色。

1853年，太平天国运动期间，二十多岁的孟七是满腔热血的爱国青年，他怀着革命的热情，从山东来到江苏，参加了太平天国革命。在革命期间，由于孟七是武班出身，有一身好武艺，被分到英王陈玉成主办的同春戏班当教师。陈玉成是一位富有远见的将领，无论是培养将才还是指挥作战，都十分出色。

太平天国运动失败后，在军中教戏十余年的孟七于是离开军队北上京城，搭班演戏。同治年间，孟七和同一个戏班鼎鼎大名的杨月楼、任春廷以及其他戏剧演员受邀到上海演出。

据说当时上海的京剧观众偏好看武戏，以至出现"剧场多见金鼓喧阗，不闻琴韵悠扬"的现象。就连"伶界大王"谭鑫培到上海的第一天也演大武戏《挑滑车》。而孟、杨、任等一众演员的演出也十分精彩，甚至让"沪人初见，趋之若狂"。

孟七技艺精湛，在台上扮相十分威武，台步庄严，嗓音清朗，非常受观众的欢迎和喜爱。他常演的剧目《铁笼山》、《收关胜》、《七擒孟获》等无一不受好评。不仅如此，他演的文武老生戏，诸如《下河东》、《朝北会》、《大名府》等，都非常出色，唱做念打，娴熟流畅，一气呵成，余响绕梁，一时在上海名声大噪。后来他长期留居上海，中年之后少有登台，把精力和时间用来培养下一代。

孟七命好，膝下有七子，而且除了第四和第七的两个孩子不从事京剧表演之外，其余五个孩子都在他悉心的栽培下，个个拥有熟练的武艺，在京剧舞台上展现非凡的技艺。

长子孟鸿芳，师承父亲，自幼学习武生，并喜欢读书，聪明绝顶，因嗓子好，又口齿伶俐，后改文武丑。文武丑，即是在戏剧扮演滑稽幽默的角色。

次子孟鸿寿，因童年患风疾病，高烧不退导致性命攸关，家人找了许多医生都没法医治，快要放弃的时候，遇到一个老中医，用草药调理他的病，保住了他的性命，但因发育不健全，两腿如棉，落下残疾。后来他对戏剧产生兴趣，苦练成才，登台演出，扮演文丑极为出色，被称为"天下第一怪"。

三子孟鸿荣，艺名小孟七，他虽不是由孟七亲自教授技艺，而是在外拜师学艺，但在孟七的几个儿子中，他最能传承其父衣钵，文武老生兼武净，常去苏州、杭州演出，均受观众热烈的欢迎和喜爱。他不仅演戏有水准，还能够编剧，编过不少佳作，如《鹿台恨》等。他还是孟七的几个儿子之中红得最早、名气最大的演员，在京剧界有一定的威望。

五子孟鸿群，即孟小冬的父亲孟五爷。他亦是攻文武老生兼武净，最得其父的真传，在台上的风范颇有孟七当年的影子。他一生中最光彩的时刻便是能与"伶界大王"谭鑫培配戏。那时梨园界流行着一句话叫"无腔不学谭"，谭鑫培已经是全国有名的京剧演员，能受邀和他配戏，那是至高无上的光荣。孟五爷的技艺不但得到谭鑫培的欣赏和称赞，还和谭结为知交。

六子孟鸿茂，其母是孟七的续弦，文丑，以《拾黄金》、《丑表功》、《八戒盗魂铃》等唱工小丑戏在南方红极一时。

除却父辈，孟小冬同辈的堂兄弟妹中，大多从事京剧表演。在这样庞大的梨园家族里，孟小冬从小便耳濡目染，对京剧非常熟知，那仿佛是与生俱来的天分。孟小冬的确拥有京剧表演的天分。但使之成功的重要因素，是勤奋和坚持。而她从小就是一个勤奋的孩子。

在她小时候，离家半里开外，有一段被保存下来的旧上海老城墙，长约五十米，高约五米，厚约三米。台阶拾级而上，为一长方形平台，边上还有座不大的寺庙，寺庙门前有块空地，居住在附近的伶人早晨都聚集在这儿练习。父亲每日清早出门到此地吊嗓习武，孟小冬也便兴致勃勃地跟了去。

据记载，在众多舞枪弄棒，咿呀练嗓的伶人中，最让孟小冬感兴趣的，是两个比她稍大的小男孩，双手撑地头朝下，双脚甩在城墙垛上，纹丝不动。父亲告诉她，他们是在"拿大顶"，他问小冬想不想学，小冬点头说想学。那时她并不知道什么叫"拿大顶"，只觉用两手走路新奇又好玩。那天之后，小冬每日天没亮就起床，顾不上母亲替她梳好小辫子，就急着往外跑去练习"拿大顶"。

那年，她只不过四岁的人儿，便开始接触京剧了。小小的手掌和胳膊，撑起整个身体，撑起了对京剧最初的喜爱，也撑起了属于她的一片天空。

贰　开蒙

　　在无忧无虑的童年时光里，孟小冬跟着大人们一起练功学戏。浓郁的戏剧氛围包裹着她，影响着她。好学又聪明的小冬，很快便把"拿大顶"玩得自如，一倒立可坚持一顿饭的时间。

　　那时，时光安然如水，潺潺流过指尖，流过弄堂里那些琐碎的日常，流过小冬整齐梳起的辫子，流过孟五爷年轻的身影，流过舞台上唱着"孤王酒醉桃花宫"深受听众热爱的当红京剧老生刘鸿声的英姿。

　　彼时，灯红酒绿的上海，热闹繁华，剧院上演着各种耳熟能详的剧目，诸如《斩黄袍》、《逍遥津》等，让各路听众戏迷如痴如醉。孟五爷带着小冬，辗转各大戏院，演戏，也听曲儿。小冬天资聪颖，听过的曲儿，自己琢磨着，虽不上道，也能唱出个有模有样来。

　　孟五爷特别疼爱小冬，何以见得？小冬虽是续弦太太张氏所生，但当时正室夫人王氏身体多病，至死都未生出一男半女。小冬虽不是男孩，但却是孟五爷日盼夜盼的孩子，他的第一个孩子。加上小冬生得精灵乖巧，对京剧又十分好学，自然深得父亲疼爱。

在孟小冬五六岁的年纪，孟五爷外出登台演出总喜欢带上她，让她长见识，多接触舞台上的表演。孟五爷曾受邀到南京演出，小冬陪伴在旁，偶尔也上台，客串娃娃生。对小小年纪的小冬而言，这自然是最幸福的事情。舞台的魅力，她早早地就感受到了。

而她的个人魅力，也早早显露出端倪。据说孟五爷在南京旧城演出的这两个月时间里，曾到过一个军阀厅长家里唱戏。这厅长是个戏迷，本身也会唱戏，戏瘾一上来，家中随时可以摆出一个戏台子来，命下人胡琴一拉，清清嗓子，便咿呀唱个尽兴。

孟五爷在这军阀家中唱戏时，小冬也在身侧。她可爱精灵的模样引起了厅长的注意，他便亲自操琴让小冬小唱一段。小冬毫不怯场，爽快答应，站起来开口便唱《斩黄袍》里的段子。她的声音清亮，觉得厅长拉的琴调子不够高，屡次暂停要求他涨调。厅长配合着她，已经把调子拉到超出正常的范围了。一句"孤王酒醉桃花宫"还未唱完，厅长手中的胡琴发出清脆的响声，丝弦竟断开了。

在旁的孟五爷心里顿时咯噔一下，心想这下女儿该得罪了这军阀厅长。怎料这厅长却大笑一声，竖起大拇指称赞小冬唱得好，是可造之才，并决定收小冬为徒，主动要求做她的启蒙老师，教她唱谭派。

孟五爷心里松了一口气，却又被厅长这个玩笑般的要求所为难。但他考虑到，自己毕竟只是个唱戏的角儿，为了这点小事得罪有权有势的军阀高官也实在不是明智之举，况且人家盛情，难以推搪，也就装着笑脸，含糊应承了。

倒是天真烂漫的小冬把它当回事儿，当真勤快地往厅长家里跑。这位位高权重的厅长，倒也信守承诺，虽然技艺平凡，只不过会唱几首为人熟知的曲子，但也对小冬倾囊相授。只一首《卖黄马》，便足够消磨一整个午后的时光。每次习戏结束，厅长都会赏给小冬两块银圆，两个月下来，小冬的"收入"竟和父亲的工资不相上下。

当然，这只不过是孟小冬漫长的戏剧演艺生涯中的一桩小事罢了，岁月流长，事物日渐繁多，随年月逐年渐长的，是那无常变幻的人生。而那时童年才刚刚开始，在最纯真的岁月里，有蹁跹的蝴蝶，色彩斑斓的流萤，星空永远布满闪烁的星辰，就像孩童的眼睛，清澈明亮。城墙边的悠悠绿草，总是散发着清新的泥土香味，落在小冬走过时那欢快的脚步上。那时她心中还对这个世间充满美好的幻想和期待，对一切都感到新鲜和好奇。

孟小冬真正的启蒙老师，是那个替她取名的姨父，仇月祥。这件事儿，还得从孟五爷的意外说起。

民国初期，上海热闹繁华，一派歌舞升平的景象。京剧盛行，各大戏院几乎夜夜笙歌，一幕幕或悲或喜的人生正在灯光闪耀的舞台上轮番上演。正值壮年的孟五爷名气不小，演戏不断，收入让一家五口的生活尚且安逸无忧。小冬的妹妹佩兰和弟弟学科陆续诞生，为这个家增添了不少喜气。喜得男丁的孟五爷，更加意气风发。当然，多了两个孩子，生活怕是会吃紧，接演戏目就得更加勤快了。好在孟五爷是知名演员，不愁没有舞台可施展拳脚。

民国四年，蝉鸣不止的盛夏，孟五爷从上海到天津去搭班演戏。白天里闲来无事便打牌消遣，到了夜幕暗下，戏服一换，登台演戏。日子过得甚是风光。

然而，好景不长，祸福难料。有一晚，孟五爷在出演《八蜡庙》中褚彪一角的时候，不小心摔倒在地，受了重伤。当下听众一片哗然，都替他捏了一把汗。孟五爷咬着牙坚持演出，在后台看着的小冬甚是心疼。虽说在舞台上出点意外也难免，但是孟五爷这一摔，算是彻底断了他正当发红发紫的演艺生涯，也断了小冬安逸的童年。

翌日早晨，躺在床上的孟五爷起不来了，半身不遂，经医师诊断，是中风。这个消息对整个孟家犹如晴天霹雳。孟五爷虚弱地躺在床上，发出沮丧的叹息。而小冬却镇定地伺候躺在病榻上的父亲，心里暗暗下定决心，要替父亲继续唱戏。孟小冬似乎一夜之间长大了。虽然她只有八岁，但她已经明白，自己应该义无反顾地走上这条坎坷的演艺之路。

很多时候，命运容不得我们做过多的选择，有些事情早已命定，有些路，早已在前方等着我们去跋涉。人生就像搭乘一艘小船在如同命运般的大海里航行。当生活中的巨浪铺天盖地地朝我们袭来时，我们只能选择迎面而上，又或者连做出选择的时间都没有，巨浪就直接将我们卷入深渊。深渊并不可怕，可怕是消极的心态。如果生活一直一帆风顺，安稳如水，也许成功，就显得不那么壮阔了，就像永远没有风浪、平静得让人心慌的大海，那便失去其特性了。

生活没有如果，人生更加没有假设和倘若，孟小冬只能接受家庭情况巨变的事实，然后咬咬牙，往前走。

也许你会觉得，凭着孟家平日里的安乐，一次意外不足以打垮他们。但当时孟五爷的所有包银收入，就是孟家五口人的经济来源。孟五爷这一躺，足足两年，不能登台，便意味着没有收入，靠着积蓄，终会坐吃山空。一家五口人，要生活，要治病，一切都显得捉襟见肘。

父母在经过慎重的考虑之后，决定让正在念小学的小冬拜仇月祥为师，跟他学艺，并且千万般叮嘱，只许以老生开蒙，不许入旦行。仇月祥和小冬的契约为期三年，并且三年之后，小冬必须为师父效力三年，而这三年的演出收入必须全部归师父所有，第四年才可以经济独立，养家糊口。这么算来，八岁的小冬，要经历六年的奋斗，才能熬出头。

　　孟五爷之所以不许小冬入旦行，是因为他觉得旦角的演艺生涯太短暂了，而且年轻貌美的，很容易就被军阀高官或者富贾商人看中，然后强占了去做小妾，从此命运就只能委身人下，凄凉悲哀了。虽然不是所有旦角的女子都会经历这样的下场，但大部分都是这样的。而且他并不想小冬靠容貌来挣钱，毕竟那样的做法太肤浅了，既然非入行不可，就选择一条看起来能够走得足够长远和稳当的路。又或许他早就看出来小冬与生俱来的条件，当时女老生并不多，优秀出色的就更少了，也许这条路，会让小冬走得稍微开阔些，至少比入旦行要来得好。

　　那漫漫长路，布满荆棘，有多难走，早已一目了然，心中有数。然而，小冬别无选择，这就是她的路。所幸的是，她热爱京剧，她愿意为了终有一日登上舞台而去走这条崎岖的道路。更加幸运的是，她出生梨园世家，从小就频频接触戏剧，并不是从零开始，她有底子，有岁月潜移默化的积累。加之仇月祥是她的姨父，有亲戚关系，让小冬免受了很多打骂。

　　每个行业都有其规则，伶人的成名之路，堪比如今的明星偶像。要想站在舞台上发光发热，就必须在台下付出十倍百倍的努力，甚至付出一些我们想象不到的代价。所谓"台上一分钟，台下十年功"，用在京剧演员的身上最贴切不过了。

孟小冬跟了仇月祥学戏，每日按部就班，除了吃饭睡觉，其余时间和精力全部投放在学戏上。和现在的孩子比起来，孟小冬那时真的非常辛苦。当时作为徒弟跟师父学戏，不仅仅是学戏，还要帮师父家做事，每天都非常忙碌，几乎没有喘息的机会。

仇月祥，北京人，孙（菊仙）派老生，后来谭派兴起，便涉猎谭派。仇是个十分严格的师父，尽管他也疼爱小外甥女，对她家遭遇的事情感到悲悯，但他更加清楚，唯有倾囊相授，才能真正帮助小冬，才会不负孟五爷的嘱托。

在那个年代，伶人学戏，只能靠口口相传的方式，师父先是念出整首台词，徒弟认真记在心里，然后师父再示范唱腔，徒弟跟着学。一字一句，音调高低，必须准确无误，稍有不妥，便要即刻停下，从头再来，直到整段流畅而过，才算过关。如果你以为顺畅地唱完一段就可以完事，那便错了。那只是个开始，每段至少唱二三十遍，必须反复练习，不可懈怠。

虽然仇月祥是小冬的姨父，有点亲戚关系，但他是个教戏非常严格的老师。而且他自有一套教学方法。每天早上天才蒙蒙亮，他就带上小冬出去喊嗓。小冬已不需要再练习"拿大顶"了，而是练习师父新教的踢腿、压腿、下腰，等等，主要练气和身段，还有喊嗓，练练口型。相对于其他同行来说，孟小冬是比较幸运的，因为师父是亲戚，就能免去很多残忍的打骂和太过繁重的家务活。但她每天所要做的事情，仍然超过了一般小孩子所需要承受的重量。

生命之所以能够破茧而出、美妙灿烂，也许在那之前要承受无法想象的痛苦。但令人震撼和感叹的是，生命的韧性又总是比想象中强大。

对孟小冬来说，学唱腔，记台词，练身段，就像吃饭、睡觉那么日常，那么重要。她像一个雕刻师，把京剧的一点一滴、一举一动、一词一调，慢慢地、用力地雕刻在她的生命里。也许，选择京剧，并且是学老生，看似逼不得已的决定，在冥冥中，却成就了孟小冬，成就了一代知名女老生，成就了最终震惊所有人的梨园冬皇。

　　孟小冬的辉煌成就，离不开父母的选择，更离不开她的开蒙师父仇月祥的悉心栽培。然而最重要的，是她自己的用功。她那快乐无忧的童年，早就飘散在无数个未亮的清晨，早就遗失在一段一段反复的唱词中。当同龄的孩子都在父母怀里撒娇嬉闹时，她却在清冷的弄堂屋檐下，日复一日地练唱、习武、记台词。

　　日后回忆那些曾经很苦、很涩的日子，也许说出来只是淡淡一句，但曾经，那是涅槃重生的疼痛，那是蝴蝶破茧而出的挣扎，深刻而又幸运。

叁 挑帘

无论是灿烂晴天，还是刮风下雨，孟小冬依然每日雷打不动地吊嗓、练身段。因着对京剧的热爱和本身拥有的基础，她不怕吃苦，不怕那日复一日的枯燥，反倒感悟到戏剧的乐趣，每每学完一出，便兴致勃勃地期待下一出。

据说仇月祥为小冬开蒙的第一出戏是《奇冤报》（即《乌盆记》）。

就算不接触京剧的人，对《乌盆记》也不陌生吧，这个故事原是出自古典名著《三侠五义》，后来在关于包青天的电视剧或者小说里面，都曾出现过。

它是讲一个叫刘世昌的苏州人一日骑驴回家，因为行李沉重，又见夜色渐浓，便在沿途的赵大家中借宿。未料赵大夫妇见财起意，竟谋财害命，把刘世昌杀害，然后把他的血肉混在乌泥中烧成了一个乌盆，以为这样便神不知鬼不觉。刘世昌因为思念家中妻儿老母，其魂魄不肯离去，便附在了乌盆之中。一日，一个叫张三的老头（绰号别古）上赵家讨债，顺手带回了那乌盆作为利息。不想回到家中，乌盆向别古诉说了他惨遭杀害的过程，并央求别古带他到包公处鸣冤。别古带着乌盆到了包公处鸣冤，包公设下圈套使得刘氏沉冤得雪。

孟小冬对这出戏非常熟悉，下点苦功，进步得很快，只差一个登台试练的机会了。而这个机会也出现得及时。就在孟小冬拜师学艺半年之后，一个天高气爽的秋日，她被邀请客串《乌盆记》后半出，扮演刘世昌一角。

据说那是上海闻人关炯的四十寿诞，他邀请了上海成立最早的京剧票房——久记票房的票友登台演出，场面特别热闹。

那天小冬音色嘹亮，运腔圆正，唱时未显雌音，不露坤角马脚，更使内外行刮目相看。小冬初登氍毹，新声乍试，即收佳誉，一炮打响，沪上戏界，一时传为佳话，深受听众喜爱。

第一次登台演出，就有这样成绩，并非侥幸，也不是一朝一夕就能练成的。孟小冬的勤奋用功并没有白费，这小小的成功，就是对她最大的鼓励，鼓励她继续往前走，坚定不移。

时光在不经意间流逝，契约之期不知不觉到了。

三年，不长不短。三载春风和夏阳，三载秋雨和冬雪，乍看之下，孟小冬还是那个梳着两条辫子的孩童，她的双眸还是那么明净如水，脸上的稚气还未脱净。但她已经不再是那个只会"拿大顶"的小女孩了，她已经学会不下三十出戏，每一出的唱念做打都已烂记在心，信手拈来。

仇月祥一对一、手把手的教学方式，快速地把孟小冬带进了京剧世界里。他一丝不苟地教，小冬刻苦用功地学。虽然很苦，很不容易，但终究也走过来了。

十一岁的孟小冬，迎来人生中极具意义的一次登台机会。

据说小冬的六叔孟鸿茂认识一个来自无锡"新世界"剧场的经理，此人委托孟鸿茂替他找一位能挑大梁的老生，随他一同回到无锡演出。孟五爷和仇月祥获悉这件事儿，都觉得小冬可以争取这个机会，试试功力。于是在六叔的安排之下，这位无锡的经理和小冬见了一面。

起初，这经理见到个子瘦小、稚气未脱的小冬，顿生疑虑，他不相信这个纤弱的小女子，能够胜任老生一角，不过既然来了，他就姑且看看，这孟家女孩能够用什么打动他。

仇月祥在一旁气定神闲地替小冬说好话。其实尽管他不说，他也知道，小冬不会令他这个师父失望的。他让小冬唱平时常练的《逍遥津》，小冬点了点头，开始唱了。

果然，她唱腔清亮、字正腔圆，并无一点雌音，令经理非常震惊，他立马对面前这个小小的女子另眼相看了。如果说，孟小冬是一匹千里马，那么最初的伯乐，就是这位由无锡城而来的经理了。

一曲唱毕，经理拍案叫好，连声夸奖小冬，他甚至觉得无锡城多年来都未曾有人能把这个戏唱得这样好。他非常满意孟小冬的表现，当下即同意和她合作，决定带她前往无锡演出。

幸福来得这样快，懵懵懂懂的小冬还未真切领悟到这次演出的重要性，她只觉开心，终于可以挑帘登台，终于可以在观众面前展现自己这三年来苦练的成果了。她还有一丝隐隐的紧张感，虽不至于怯场，但毕竟是第一出演主角的戏，一定不能有什么差池。

几天后，开往无锡城的列车上，孟小冬望着窗外大片大片的田野，心绪跟着飞驰，有种心驰神往的感觉，让她小小的心期待着那越来越近的舞台。随行的还有孟五爷、仇月祥以及琴师马少亭和鼓佬胡鸾桥。

早在他们到达之前，剧院那边已经张贴海报，当地报纸也登有关于这次演出的消息。

而演出当天，天公不作美，偏偏狂风大雨，电闪雷鸣。剧院方面不好改期，于是演出照常，孟小冬也如期迎来她的首场"打炮戏"——《逍遥津》。

《逍遥津》又名《白逼宫》，京剧传统剧目，讲的是东汉时期，汉献帝刘协因曹操权势日重，与伏后计议，派内侍穆顺给后父伏完送去血诏，嘱约孙权、刘备为外应以锄曹。曹操从穆顺的发髻中搜出密书，带剑入宫，命华歆把伏后乱棒打死，还鸩杀了伏后的两个儿子，杀了伏完及穆顺的全家。

这是一个国破家亡的故事，听来悲怆凄凉。

孟小冬在戏里扮演汉献帝，身体单薄的她穿上一身行头，化上皇帝的妆容，尽管着厚底靴，仍比戏中扮演其他角色的人稍显矮了些。但这不足以构成她的阻碍，当晚的演出还是十分精彩的，可以用盛况空前来形容。现场十分热烈，其中一折主要的片段"逼宫"尤为受欢迎，鼓师打出节奏音响，琴师十分投入地拉出悲怆激昂的前奏，已经博得场内一片潮水般的掌声。

掌声过后，台下马上变得安静起来，大家都屏息凝神。此时孟小冬扮演的汉献帝在帘内唱："父哇……子们……在……宫院……伤心落……泪呀！"

一句长腔，足足有三分钟那么长，而且唱得高亢浑圆，力气充沛，又充满了悲恸哀伤，凄惨哀戚，令人听了都感同身受。

接着孟小冬出场，一亮相便赢得了一个碰头彩。

无论是扮相还是气质，都无无可挑剔，脱尽女相。她才十一岁，简直巾帼不让须眉。她的嗓子有先天优越条件，又宽又亮，经过师父的培训和自己的勤奋练习，掌握唱腔的技巧，在舞台上表演时，观众丝毫听不出女孩的那种固有的雌音。

当晚整个剧场都沸腾起来，观众的掌声非常狂热，人声鼎沸，是无锡戏界近几年来罕见景况。

就连当地《锡报》也评："是日为须生孟筱冬登台之第一日，故卖座甚佳。孟筱冬芳龄尚稚，而嗓音清越润利，较小刘鸿声响亮，做态亦颇活泼，故博得观客连连彩声……"

小冬的挑帘大获好评，那是对她这三年来所有流过的汗水、付出的努力的最好的回报了。

头一天的精彩演出之后，观众意犹未尽，接连下来的每一场都座无虚席。人们闻说都来看这位年纪轻轻却能震惊四座的女老生。在合约期满的这两个多月里，孟小冬一共出演了六十八场，无锡城几乎夜夜声乐不断。直至小冬一行人离锡，观众们深表不舍。

那年，孟小冬还不叫孟小冬，她在无锡人们眼里是京剧童伶——孟筱冬。

肆　盛开

　　时间的脚步总是匆匆而过，它不会多做停留，去等待你卸下一身戏装行头，抹去脸上浓厚的脂粉，去等待你静静看一眼窗外的梧桐叶落，它总是催促你的脚步，跟上时代需要你的节奏。

　　从无锡返沪仅仅过去两个月，这两个月，孟小冬没有停下脚步，她依然每日吊嗓、练身段，从师父那儿学习新的曲子。她就这样不骄不躁，等来了又一次机会。在无锡城的戏迷听众的要求下，新世界剧院再次向孟小冬伸来了橄榄枝。于是，酷热的盛夏，孟小冬又踏上了南下的火车。

　　素来有"鱼米之乡"的无锡，正值夏季最潮湿、闷热的时候，暴雨持续下了好多天，几乎淹没了这座城市，突如而来的水灾让无锡人们措手不及，而虎疫的蔓延更是雪上加霜。整个无锡城人心惶惶。

　　在如此糟糕的境况之下，新世界剧院的演出依然夜夜高朋满座，究竟孟小冬的魅力有多大？或者说，究竟她的戏剧技艺有多吸引人？

　　当地《锡报》是这样记录的："屋顶花园自孟小冬卷土重来，游客陡增，日间以乡曲为多数，晚间则人众拥挤，臭汗直流，一般戏迷家有掩鼻而听者，殊非慎重卫生之道，深望主其事者将剧场设法扩充之。

"日来天时酷热，此间游人倍增，孟小冬自离锡后，一般戏迷深为惋惜。令闻孟伶重行来锡，连日排演名剧，以饷邑人，故门票每日可售七百余张，皆系该伶一人之魔力。"

如果说，成名要趁早的话，孟小冬确实做到了。小小年纪的她，凭借着一技之长，在舞台上发光发热，吸引了无数戏迷听众。她就像一朵过早经历风霜雨打，然而依然如期盛开的花朵。

那时的她，没有时间去思考戏剧以外的事情，每日固定地登台演出，一身行头，眉目传神，唱腔圆正，身段矫健，博得观众热烈喝彩与掌声。她在台上演绎着别人的人生，跌宕起伏，淋漓尽致。然而，幕后卸下所有行头和妆容，她只不过是一个单薄少女。

她还没尝够那无忧无虑的纯真童年，就被所谓的宿命丢进生活的旋涡里，随着红尘流转，早早看那世事的纷扰，光怪陆离的五彩世界。她还有一个纯真的心，但多了几分成熟，她脸上还有无邪的笑容，但多了几分逢场作戏，她仍然是那个对未来充满憧憬和幻想的她，只是多了几分现实。

她牺牲了和家人朝夕相处的温馨时光，牺牲了和朋友玩乐嬉戏的轻狂日子，她走上了一条和普通人不一样的道路，没有人知道，她的内心是否无怨无悔，没有人了解，她真正想要的生活是什么样子的。唯有那舞台上的灯光，胡琴发出的乐声，以及台下一张张陌生而又充满认同的脸面，那些潮水般的掌声和喝彩，才让她感觉到，自己所做的，终究是正确的。

这次在无锡停留的一百一十天里，无论外面天气多么糟糕，虎疫多么严重，对孟小冬的演出都毫无影响。剧院每日准时开幕，没有一天是休息的。孟小冬亦是每日登台，把之前回上海的那两个月所学习的新剧目演了个遍，诸如《探母回令》、《桑园寄子》、《大翠屏山》，等等，都是之前没表演过的。这不禁让无锡人们为之进步神速而感到惊讶。这个年仅十一二岁的少女，功力实在不容小觑，怎让观众不喜爱呢？

名气渐大的孟小冬，被一些大户人家邀请到堂会献艺也是平常之事。不过听说此次无锡城中一薛姓人家，其主人名曰薛观澜，大有来头，其老丈人就是辛亥革命时当过临时大总统的袁世凯。据记载，薛观澜对京剧情有独钟，能拉会唱，还时常登台彩演，京昆不挡，并对皮黄（京剧）音韵也有很深的研究。当年余叔岩在袁世凯总统府任侍卫时，和他们均为莫逆之交。因此薛观澜晚年对余派艺术写过许多颇有价值的评论文章。

由此看来，一个对京剧有着一定鉴赏水平的人，一般的角儿他肯定是看不入眼的。当听闻孟小冬近期在无锡城的戏剧界里叱咤风云，名声鼎盛，引起他的好奇，便借以祝寿之名举办了堂会，邀请她来府上一展其艺。

孟小冬随师父和当地的小京班到薛府，演出了《武家坡》和《捉放曹》，这两出戏是薛观澜亲自点的戏。已经演过很多遍的孟小冬，非常娴熟，没有半点拖沓，演绎得淋漓尽致。主人非常满意，兴致高涨，要求孟小冬再来一出《黄鹤楼》。

不料小冬面露难色，因为这出戏她还没完整学会，也没登台表演过，叫她如何是好？但师父却自信满满地答应下来，让她顿时乱了分寸。

小冬有多少能耐，仇月祥心里清楚得很。他做了一次冒险，把小冬叫到身边，在台下临时学戏，也就是内行人所说的"钻锅"。而孟小冬却只用了一个小时，就把《黄鹤楼》这出之前从未练习过的剧目完整、流畅地演绎出来，并且得到主人的极高赞赏，特别是那一句"休提起当年赴会在河梁",余音绕梁,令人一时间难以忘怀。

师父的这次冒险,可谓大获全胜。

而孟小冬和无锡的缘分,还远不止于此。

当她第三次踏上这片潮湿、温润的土地时,已经是1924年的夏天了。

那个一脸纯真的孩童,已出落成亭亭玉立的姑娘了。

物是人非,无锡城内又开一家名叫"庆升"的戏园,小冬此次前来,正是受这家戏园的诚挚之邀,以帮演的性质而来。

无锡对小冬来说是最初崭露头角的地方,而小冬对于无锡的戏迷听众来说,是最闪耀的伶界之星,是日夜期盼的天才少女。当戏园方面的消息一出,便立马得到热烈的响应。"重金聘请京沪著名环球欢迎超等唱做并美须生泰斗",广大戏迷一听到这条广告,马上知道他们怀念的孟小冬要来演出了。

短短六天时间里,小冬一共演了八场戏,分别是打炮戏《四郎探母》、《失空斩》、《逍遥津》、《击鼓骂曹》,文武老生戏《南阳关》、《珠帘寨》、《十八扯》和《二进宫》。这些剧目都是戏迷听众喜爱的,加上孟小冬的传神出演,每一场都喝彩满堂,精彩绝伦。经历了五年的磨炼,孟小冬在京剧表演上更加出色,让无锡的人们又一次看到不一样的她。

后有当地报纸对孟小冬此番的演出做出这样的评论:

"孟小冬昨晚登台庆升,盛况从来未有。"

"孟小冬之唱做比前进步,某戏迷家谓犹五百与五十之比。"

从这些只言片语中,可以深切地感受到无锡人对孟小冬的关注和喜爱。她的努力和付出,最终呈现在舞台,不负观众,也不负自己。

《锡报》还有这样的评论:"孙老元之胡琴,为舞台第一手,此次来锡，邑人之耳福不浅哉。孟小冬之戏，邑人交誉之，然其琴师之佳，亦称一时无两。小冬得其衬托，弥见精神。小冬之艺固堪激赏，然必有此好琴师乃相得而益彰，场面之重，有如是者。孙老元年老力衰，但登台时精神矍铄。与孙佐臣话叫天（指谭鑫培人称谭叫天）当年盛况，犹白头宫人谈开元遗事也。"

这段评论中，所说的孙老元是当时全国赫赫有名的胡琴琴师孙佐臣。

此人学琴颇有成就，十七岁时曾给三庆班大老板程长庚操琴，名声大噪，得入内廷供奉。后来和谭鑫培长期合作。

此次孟小冬来锡演出，孙老元也一同前往，为小冬配奏。当时孙老元已是垂垂老矣，年过花甲了，但登台时却像报上所说那样，立即变得精神矍铄。

一位好的琴师，为小冬的演出增添了更多光彩，使整个表演过程呈现出更完美的状态。戏剧，说到底也是主角和配角以及声乐的配合，一个人纵使多厉害、多有本事，终究不过是独角戏，而一出拿得出手的戏剧，最起码也要主角和配角以及声乐各司其职，才能完整地呈现在观众面前。

时间总是来去匆匆，就像小冬的步伐，从未停止。她有一身不凡的技艺，受到无锡人的热爱，那音容和情影定格在永不消散的历史中。然而终是有散场的时候，十七岁的她在无锡的第六天，当戏园人潮散去，舞台的幕布被拉上，灯光被熄灭，她与无锡的缘分，也就到此为止，转身告别，便是此生不复相见了。

伍　加盟

　　无锡挑帘后，短短数月，第二次演出完从无锡回到上海的孟小冬并没有停止她一路向前的脚步。自打登上舞台开始了京剧演艺之路，小冬这些年走来，都顺畅无比，康庄大道，鸟语花香。

　　有人说，机会总是留给有准备的人。而孟小冬总是时刻准备着，当机会来临时，她便轻易地抓住了。

　　据记载，在六叔孟鸿茂的引荐下，孟小冬于1919年12月正式加入上海大世界游乐场的乾坤大京班。大世界游乐场是民国初期风靡整个上海甚至全世界的一处娱乐场所。当时有句说"不到大世界，不算到过大上海"，可见其闻名的程度。

　　大世界游乐场，确实像花花世界那样，是繁华之地。

　　据说只要在门口进去时买一张门票，就能在里面游玩一整天，你可以去乾坤大京班看上一场中意的京剧演出，中途若是厌倦了，便可随意离席，去看别的文艺演出，因为不必对号入座。而且游乐场还提供各种茶水和小吃点心，不愁会饿着肚子。这样一个符合大众消费要求的场所，自然极受老百姓欢迎，每日游人如织，一派人声鼎沸的景象。

繁华昌盛的大上海，纸醉金迷的烟花之地，更是一座不夜之城。

那儿的人们前卫、先进。就拿乾坤大京班来说，当时政府是不允许演戏场所男女同台，有些地方甚至不准女性进入剧院观看戏剧，认为那是有伤风化的事情。而乾坤大京班的"乾坤"二字，正表示男女同台演出，在民国初期，却是一个新鲜的卖点，吸引了很多客人。

尽管如此，封建思想的固守还是很难打破的。乾坤大京班一开始也都是男伶来演出，据说后来北方著名的坤伶花旦金少梅来此演出，并与男伶同台合作，故开启了先例。

虽男女同台得以演出，但女性进入剧场看戏，在当时来说，是很严重的事情。上海《申报》曾刊登过关于严禁女性入馆看戏的告示，大意是说，男女混杂于戏馆，容易发生淫乱之事，或是良家妇女被诱至青楼堕落烟尘，有伤风化，故约束女性踏入各类剧院戏馆。这告示一出，就遭到老百姓的反对。一直到辛亥革命之后，广大女性同胞终于能去剧院看戏了。

孟小冬加入的这个大世界乾坤大京班，虽然要在如此纷扰杂乱的地方演出，但那却是她在京剧之路上不可缺少的经验。在那个光怪陆离的剧院里，她认识了许多身怀技艺、伶界闻名的人物，比如四大徽班之一春台班出身的武生李春来，他可是一流的伶人。

据记载，他早年在北京春台班学戏，出科后在津京一带演出，后漂泊到上海，与名角孙菊仙和黄月山同台合演。晚年久居上海。

李春来身材魁梧，武技精湛，动作迅捷，以短打戏见长，且多独到之处。代表作有《花蝴蝶》、《白水滩》、《狮子楼》等。长靠戏《伐子都》则以善于通过繁难高超的武技揭示人物内心活动而别具一格，因此他被尊称为南派武生宗师。

再比如，有"粉艳亲王"之称的名旦粉菊花。

对戏剧略有了解的人应该都听过她的大名。据载，粉菊花本姓孙，早年在上海江浙一带学习京剧，曾在乾坤大京班挂头牌演出，戏迷众多，徒弟也收了不少。20世纪中叶，她移居香港，开办戏剧学校，不少电影演员和粤剧艺员是她的徒弟，例如林正英、陈宝珠、萧芳芳、罗家英等。她还演过电影和电视剧，一度活跃于银屏上，并且办过电影公司。对戏剧的热爱和贡献使她名声大噪。她是能文能武的刀马旦，她更是一丝不苟的戏剧严师。

孟小冬遇到她时，只是崭露头角的丫头片子，而她已经是当红的大牌旦角。

又比如艺名绿牡丹的京剧著名花旦黄玉麟等一众名角，常于乾坤大京班登台演出。在这儿，孟小冬不但大开眼界，还能长长见识。她凭着拿手好戏《逍遥津》，在大剧场获得站稳脚跟的机会。

当时的她，还只是以童伶的身份登台，但却没有因为年纪轻而不被看重，倒是很受宠爱，屡挑大梁，出演压轴大戏，为大剧场展现新的面孔。大剧场分日戏和夜戏，小冬多以夜戏为主，日戏则隔三岔五地参加演出。除却演出，其余时间则继续跟师父学习新剧目。

大世界虽然是个不错的舞台，但终归鱼龙混杂，秩序不良。演员在舞台上演出，受扰因素很多，多少会影响演出的质量。而值得称赞的是，孟小冬并没有受到影响，她依然一丝不苟地演完每一出戏。每一个转身，每一句唱词，都步步到位，没有半点马虎，甚至做到淋漓极致的境界。用如今的话来说，她是非常专业的。

不仅专业，她还十分敬业。据说在乾坤大京班的这一年里，她几乎没有缺席和中断过演出。她的努力，那汗湿的衣裳是最好的证明，而那鲜花与掌声，便是努力所得的成果。

戏子又如何？早早体味人生的薄凉和冷暖，目睹红尘陌事，并没有使她骄纵浮躁、残败凋零，反而灌溉出处于淤泥而不染的姿态来。幸得那明眸与皓齿，纯真看待戏子的世界，回以淡淡微笑而置之度外，生活没有过多的粉饰，她心中只有那不变的初衷，学好京剧，演好每一出戏。她始终没有忘记，当初在父亲的病榻前暗自许下的决心。

提到父亲孟五爷，自打那次意外，伤势康复后，仍有复出登台，但多以唱戏为主，身子骨到底不同于从前那样硬朗矫健了。和许多寻常父亲一样，孟五爷把对京剧的热爱和希冀寄托在女儿身上。小冬虽跟师父仇月祥学戏，但平日里也少不了向父亲请教。她知道，只有把技艺练扎实，不断学习提升自己，才能在京剧这条道路上走得更远。

短短一年的合约到期了，孟小冬没有续签，她应该去往更华丽的舞台，去认识不同的人，接触更广阔的天空。于是，在1920年初冬，她演完了《黑水国》（又名《桑园寄子》），便拾起行装，离开了如梦如幻的大世界。

她的下一站，是上海法租界的共舞台。

当时的上海有五家最大的京剧剧场，共舞台是其中一家。而这五家剧场，全部为上海青帮"三大亨"之首的黄金荣所控制。

据说，当时的伶人们若想要在大上海登台演出，谋生糊口，就不得不和青帮扯上点关系，以求在这弱肉强食的旧社会谋得一席之地。戏子的身份又是这般卑微低贱，但为了生活、为了梦想，纵然无可奈何，也要屈身于这险恶的江湖。

而能够掌控上海最大的京剧剧场，黄金荣可不是一般等闲之辈。他的一生颇为曲折，亦有几分传奇色彩。因年幼得"天花"，脸上留下永久的痕迹，故被称"麻皮金荣"。他早年在裱画店当学徒，做过地痞，后来机遇巧合，谋得上海法租界巡捕房的包探一职。

有些人的命运总是带着看似用不尽的好运气，就像黄金荣，他当上包探后，是破过一些案子，但不见得是正义的警察。虽为人处事嚣张跋扈，却依然平步青云，春风得意。他野心大，有欲望，更有手段。为了声誉，为了权势，更为了活得风光，就算使坏耍手段，也似乎变得理所当然。

不可否认，黄金荣有本事。

据说当年他还是包探的时候，时任法国总领事的书记官凡尔蒂偕夫人前往太湖游览，竟遭到土匪袭击，两人都被绑架了，绑匪索要赎金。黄金荣接到命令马上前去解决。凭他的人脉和本事，很快让那班土匪释放了书记官夫妇。此案一破，黄金荣自然得到高层的嘉许，他很快升为华人探长，而且是当时唯一的华人探长。

升官发财的黄金荣广收门徒，据说连蒋介石都曾拜在他门下，然后来蒋成了黄埔军校校长，黄遂识相地把十年前蒋给他的"门生帖子"退还给蒋，蒋对他大为赏识。凡事留三分，日后好相见，风水轮流转，黄金荣明白，这点小道理，他还是摸得通。亦如他能多年掌控上海戏剧界的存亡，并如鱼得水，财势渐大，离不开他的这种能力和手腕。

孟小冬加入共舞台，也算是一种缘分。

当时共舞台的门槛并不是随便的阿猫阿狗都能进入的。就算有点名气，也少不得要靠人脉、攀关系。当时孟五爷和六叔鸿茂没少花力气去搭门路。加之小冬之前在大世界的优秀表现，离共舞台更近一步了。

但主要原因，还是当年大红名伶、共舞台的台柱露兰春，听说她那段时间少有登台。她是共舞台的灵魂人物，直白来说，她是黄金荣的摇钱树。她不登台，剧院还是要运作的，所以寻找一位能够顶替她的角儿，自然是当务之急。消息一出，有相熟的演员即刻向黄金荣推荐了孟小冬。

对孟小冬来说，那又是一个难得的机会。但对于名伶露兰春来说，那却是她哀伤的时日。露兰春的身世悲凉破碎。她年幼丧父，四处流浪，随母改嫁后，得以学习京剧，从此踏入演戏之路，红极一时。露兰春唱文戏音色嘹亮，功架沉稳，袭谭派遗风，演武生戏台步矫健，会使真刀真枪，深得黄派精髓。

二十八九的她在上海的各个茶园搭班演戏，她能文能武，扮相俊美，深得观众喜爱和捧场。卸下脂粉的她，更是拥有迷倒众生的倾城之貌。这样才貌双全的女子，自然红遍上海滩。但自古红颜多薄命，露兰春也逃不出命运的摧残。

据说，黄金荣为了得到露兰春，在她演出时，便派人去捣乱，使她无法正常演出。一个弱质女流，手无寸铁，怎能与青帮老大抗衡呢？被迫无奈，她只能上门去求黄金荣。那正中了黄老板的计啊！不过话又说回来，黄金荣喜欢她，就算没有真心，诚意还是足的。他没有继续刁难露兰春，而是给她找住所，派人保护她，并让她在共舞台挂头牌，还找来制作公司为她灌唱片，出钱又出力，把她捧得更出名。

露兰春在悲叹生不逢时之际，命运又将她推至人生巅峰。受尽宠爱与仰慕，鲜花与掌声，美誉和赏识，十里洋场，无人不知她露兰春，无人不想一睹她台上、台下的风貌与身段。这样的女子，想不招蜂引蝶都很难。有多少花花公子、纨绔子弟拜倒在她的石榴裙下，想要像当时黄金荣那样强取豪夺。这当中不乏背景雄厚的"公子王孙"，比方说，卢筱嘉，浙江省督军司令卢永祥的儿子。

卢筱嘉当时与孙中山的儿子孙科、张作霖的儿子张学良以及段祺瑞的儿子段宏业并称"上海四大公子"，这意味着他们不似一般富商子弟那样容易打发，甚至是惹不起的。黄金荣就在这后生手里栽了跟头，而且是大大的跟头。

事情的前因后果，还得从露兰春身体不适说起。那时她跟了黄金荣，虽无真正名分，但除了白天登台演戏，晚上还要服侍这麻皮老头子。纵然她年轻，精力充沛，但也有身心俱疲的时候。

那天，露兰春在后台化妆，顿感头晕目眩，身子有些不适，但要演出的是她的拿手大轴戏《落马湖》，已经演过很多遍的戏码，她觉得自己可以撑得住到演完为止，便稍作呼吸调整，咬咬牙，踏上舞台。然而戏演至中段，当她要将腰间的垂带踢上肩头时，却腿软无力，连踢了三次都失败。

此时坐在二楼包厢看戏的卢筱嘉竟喝起倒彩来，连声叫喊"好功夫"，使台上的露兰春分了神、乱了分寸，十分窘迫，险些就晕倒在台上。

卢筱嘉在喝倒彩的时候，大概还不知道今个儿自己要遭皮肉之痛吧。

在另外的包厢坐镇的黄金荣见到这种情形，心中大为不悦，他指使手下，去收拾了一顿卢筱嘉。卢筱嘉和他的两名随从被痛打了一顿，头破血流的，又惊又恨地坐车走了。黄金荣这下心里才畅快些，他没想到，这次冲动粗暴的行为，会让他差点丢了老命。

有人说男人和男人之间的仇怨，主要的两大根源，不是金钱就是女人。这起事件就是因露兰春而起的。

卢筱嘉被打后，回家告诉他爹卢永祥。儿子被欺负了，当爹的岂能就此罢休？而且他还是军阀司令，黄金荣居然敢在太岁头上动土，定是活得不耐烦了。据说卢永祥马上给上海淞沪护军使何丰林发了电报。两日后，一队荷枪实弹的便衣冲进共舞台剧场，用冷冰冰的枪头抵着黄金荣的脑袋，如狼似虎地强行架走了黄金荣。

青帮老大被军兵带走，他底下的门徒弟子失了分寸，唯有跑去告诉黄金荣的老婆林桂生。林桂生跟着黄金荣打拼半辈子，正是享福的时日，露兰春的出现已让她忌妒不已，如今还闹出这样的事儿，她一时拿不定主意，便打电话给杜月笙商量如何解决。

杜月笙起初还不相信，在上海居然有人敢惹黄金荣。他接到消息后，和另一个兄弟张啸林，此人也是黄金荣最得力的徒弟，两人一同赶到黄公馆商量。

杜月笙，这个在孟小冬生命里举足轻重的男人，此时还只不过是黄金荣门下的人。他虽没念过什么书，但聪明绝顶，为人处世精明能干、心机缜密。和林桂生、张啸林经过一番商量之后，三人兵分三路，林桂生负责去联系法租界，向他们求助，因为事情毕竟发生在法租界的戏园，如果他们答应出面，或许何丰林那边会比较容易调解。而张啸林的任务就是去杭州求见军阀司令卢永祥，看看事情有没有回转的余地。至于杜月笙，他打算直接去找何丰林。当然，他没马上行动，心里似乎在打别的主意。

事情过去了几日，法租界那边的人和何丰林交涉失败，黄金荣仍在牢狱里受苦受罪。而杜月笙还没有进一步的行动，底下的门徒却开始骚动了，他们并不知道，杜月笙心里正在盘算着，借这个机会大显身手，慢慢地取代黄金荣的上海老大的地位。

张啸林那方面，从杭州传来消息，卢永祥答应给何丰林发电报，让他对黄金荣手下留情。但具体会怎样对待，就不得而知了。杜月笙见时机已到，于是单枪匹马去求见何丰林，没有带任何人，只带了两个装满金条的锦盒。其实这样做是非常危险的，何丰林坚定的立场就已经说明他压根儿不把上海这些大亨放在眼里，硬碰硬是使不得的，只能冒险了。

杜月笙见到何丰林后，把金条献上，然后客客气气地赔礼道歉，态度十分友善，说话也圆滑世故，何丰林权衡了一下利弊，觉得再继续僵持下去对自己也没什么好处，倒不如做个顺水人情，让卢筱嘉前来，一同商量如何解决。

杜月笙对卢筱嘉的态度也是非常好的，一味道歉和赔笑脸，并提出让卢筱嘉心动的几个条件：第一，请露兰春上门唱三天堂会戏；第二，让共舞台的保镖们为卢筱嘉摆几桌酒压压惊，并在酒宴上当众道歉；第三，设宴让黄金荣敬酒三杯。

卢筱嘉听到这些条件，还算是能够挽回自己的面子，加上父亲又叮嘱过不必再把事情闹大，免得日后相见难，还有很多事情需要这些青帮帮忙的，闹得太过也不好收场，就答应了这样处理。何丰林即刻命人将黄金荣给放了。

就是这次机会，杜月笙八面玲珑，一来二去，简简单单地就把事情解决了。黄金荣也安全地被送到家。他在牢里关了整整七天，尝尽苦头，痛不欲生。获救之后，他对杜月笙感激涕零。然而经历了这件事情之后，他颜面尽失、风光不再，而一步步取代他在上海滩的地位和势力的正是杜月笙。

你也许会以为黄老板会吃一堑长一智，就此不再纠缠露兰春。或许我们都低估了他对露兰春的那份情。他决定把露兰春娶进门。林桂生当然是一百个反对。此时杜月笙出面调和，竟让林桂生同意和黄离婚，并不和他分一毛钱身家，两袖清风走出了黄公馆。她的气节着实让人吃惊，却也没有感动与自己伉俪情深数十载的夫君。

林桂生走后，黄金荣用大红花轿把露兰春抬进了黄公馆。整个黄公馆上上下下、大大小小的事情就由露兰春掌管了。黄金荣不让她再登台唱戏。也因为这样，共舞台急需要一个能够替代她的人物。孟小冬便顺利地加入了共舞台。

孟小冬比露兰春小十岁，也许是因为彼此都是身怀技艺的名伶老生，相互之间多了几分惺惺相惜的情分。命运确有相似之处，但孟小冬比露兰春幸运多了。1920年深冬，孟小冬改艺名"孟筱冬"为"孟小冬"，正式在共舞台开锣唱戏，首场打炮戏是她拿手的《逍遥津》。

当孟小冬在舞台上唱着看家戏，亦是露兰春的拿手戏《宏碧缘》的时候，露兰春在黄公馆当黄太太已经当得厌倦了。她本来想着暂时委身于黄金荣，嫁给他也不过是权宜之计，她早心有所属，是一位叫薛恒的公子哥儿。此人风流倜傥，是有名的戏迷，特别嗜好皮黄。露兰春常常背着黄金荣，和心上人私会。她尝到爱情的真正滋味，并相信薛恒是对她专情痴情、可以托付终身的。

后来，她与黄金荣离婚，跟了薛恒。然而，岁月总是无情的。她早该看清这所谓的如意郎君只不过是一个没有责任心的男人。她那么义无反顾，那么痴心绝对，却只换来薛恒无情的抛弃。红颜薄命，露兰春只落得郁郁而终的下场。她去世的时候，才三十八岁。

封建时期，很多人看低戏子，认为他们大多因为身世悲凉，生不逢时，迫不得已才走上这条为人欢笑、为人悲愁的不堪之路，戴着面具游走于红尘烟花之地。但是，他们似乎忘了，戏子也是普通人，并且是最能看清这世间冷暖的人。他们于繁复的红尘中摸爬滚打，早已看尽世事的苍凉，因此把一颗真心小心翼翼地收藏起来，只为寻找一个能够同样以真心相待的人，等待一段能够托付终身的感情，或是一个美满的归宿。

可是他们往往落入悲剧之中，是旧时代的封建和无奈将他们亲手埋葬在理应最光华耀眼的年华里，与那无人问津的旧时过往一起腐朽。

露兰春留下许多有名的拿手戏唱片，诸如《宏碧缘》、《枪毙阎瑞生》、《逍遥津》、《斩黄袍》、《落马湖》、《四郎探母》等。而这些戏，也都是孟小冬信手拈来的曲目。

据说在加盟共舞台一个月后，孟小冬得以参演曾让露兰春红极一时的《宏碧缘》。那是由小说《绿牡丹》改编的连台本戏，剧情以唐代骆宏勋与花碧莲的爱情故事为主，包含了一系列常见的剧目，诸如《大闹桃花坞》、《四望亭》、《龙潭镇》、《嘉兴府》等，是一套完整的故事。早年由杨小楼和贾碧云主演。

京剧的戏目来去无非是那些，什么人能够将其演绎得淋漓尽致，让人拍案叫绝，那便要看这个人的功架和实力，以及那锦上添花的天分。

孟小冬扮演骆宏勋一角，扮相俊美，一点都不输露兰春当年的风采，受到戏迷听众的一致好评。后来她又演了露兰春曾演过的《枪毙阎瑞生》，在戏里既演妹妹玉英，又演阎瑞生。

戏剧源于生活。

《阎瑞生》是一个真实故事，并曾轰动整个上海滩。

事情要从1916年开始说起，杭州一白旗人名叫王长发，家境非常贫困但又嗜食鸦片烟，因为没钱就将十六岁的女儿莲英卖到上海四马路的长三堂子做妓女，"堂子"是上海妓院的另一种叫法。王莲英京戏唱得不错，有些功力，甚至那些酒肉嫖客都称赞她的唱戏技艺超出了称赞她的美貌。然而她的容貌也并不逊色于其他女子。在1917年上海的新世界举办第一届国花选举中，王莲英获得了一届花国的国务院总理。"花国选举"是上海妓院为所有妓女举办的选举，清末时叫花榜，选的是状元、榜眼和探花等，民国改为选总统、副总统、国务总理等，从1917年到1920年一共选过四届。

当时有一个洋行的职员，名叫阎瑞生，原籍是河南汤阴县人，但常居在上海，父亲早逝，和母亲相依为命。他毕业于圣约翰学院与震旦大学，和当时上海商界巨子朱葆三的第五个儿子朱子昭是同学。他到过香港，信奉天主教，并且精通英语，在外商洋行担任翻译或写字等职务。阎瑞生颇时髦，据说他爱看电影，虽然已经娶妻，但喜欢出入声色场所，常常在长三堂子里鬼混，而且还爱好赌博。有一次他赌马输光，到了走投无路的时候，突然想起不久前在长三堂子认识的王莲英，想对她下手，于是向朱子昭借了一辆轿车，和另外两个伙伴，约了王莲英坐汽车到外边"兜风"。车子开至北新泾农田的时候，他们将王莲英勒死，劫去一对镶钻手镯、两只钻戒、一枚钻石胸针和一块金表后，弃尸而逃。

凶杀案发生在1920年6月9日，当时王莲英只有二十一岁。

一个月后，阎瑞生和同犯逃至徐州火车站被警察逮捕了，并押回上海，被判死刑。于11月23日下午2时押送到龙华大操场执行枪决，时年二十六岁。

因为阎瑞生是天主教徒，所以他执行死刑之前，由牧师给他做弥撒，并用白布蒙住他的头，套上十字架，令其忏悔。当囚车经过龙华桥的时候，阎瑞生双眼紧闭，咬牙不语，而他的其中一个同犯吴春芳则高唱京戏，引来许多围观的人们，马路一片混乱，围观者、人力车、汽车都拥塞不堪。

这起在当时引起轰动的谋杀案被编成各类戏剧上演。

用京剧的形式搬上舞台，利用京剧的特色，更加容易演绎出那种带有传奇色彩的情节，吸引观众的眼球。这样一个真实故事，充满想象的空间，经过改编，润色，加入京剧的表现套路如显魂、托梦、活捉等，更能凸显其舞台效果。

当下上海滩的各个剧院都上演着这部戏，共舞台也不例外，首演就是露兰春。她息影后，就由孟小冬来演了。对于小冬来说，学习一部新戏，已是必要的事情。在师父的带领下，她边学边演，领悟能力非常强。当然，还是离不开她的刻苦用功。她将阎瑞生演得逼真，不逊露兰春，亦不逊任何一位扮演者。

在共舞台演戏的这一年里，孟小冬除了演出拿手戏之外，仍不断学习新戏。她接触到的同行里，不乏优秀之辈，如与她合演《阎瑞生》，扮演莲英一角的张文艳。与她合演《十八扯》的老前辈吕月樵等。据闻这吕月樵通晓戏剧中的生旦净丑，代表作为《戏迷传》，反串过老旦戏《目连救母》，因天生嗓音高而尖，适合演老旦戏。后来，吕月樵将这部戏传授给小冬。

春去秋来，落叶飞去无痕，流水匆匆，淌过小冬清丽的脸庞。在共舞台已快一年，她兢兢业业，每月领着固定的包银，登台演戏，和孟五爷一起养家糊口，日子无波无澜，稳稳当当。然而，她才十三岁，年轻得大可不必困身于一个舞台。正所谓人在世上练，刀在石上磨。孟五爷和仇月祥都清楚，小冬应该走出上海，到外边的世界去闯闯。

更何况，眼前的风光不过一时的，小冬每日为了迎合观众的喜好，而不得不随波逐流。倘若长久这样下去，那和万千庸俗的戏子又有什么区别？眷恋这眼前的繁华，红尘虚梦，终会落得满目疮痍，孤败凋零。

一年合约期满，孟五爷和仇月祥同小冬商量后一致决定离开。1921年初冬，孟小冬在共舞台的最后一场戏是《二本阎瑞生》，是夜场戏。当声乐停止，观众散去，她脱下戏服，卸去脂粉，和寻常的少女一样，带着淡淡的神情，转身离开这个纸醉金迷般的花花之地，去寻找她人生的下一站。

也许当初是因为形势所逼而走上舞台，走上这条曲折迂回的戏剧之路。那时还懵懵懂懂，心中只求能学得一技之长，帮助家中解决燃眉之急。幸得一路走来的安稳，各路贵人的相助，以及自己那沉静的性子，认真地演出，成了小有名气的童伶。但，最初的梦想是什么？而自己又想为了什么而继续站在舞台上发光？那对戏剧的热爱难道只是说说？真正的意义，也许是时候去寻找了。

第二辑

陌上花开

壹　远行

和往年一样的冬天，那纷扬的雪花如棉絮般飘落在行人的肩头。已离开共舞台的孟小冬，在那晨曦的里弄，唱念做打，重复练习那已经烂记于心的唱词和台步。日光短浅，在她身上轻盈地游走而过，她仿佛回到七八岁的时候，刚刚跟了师父学戏的日子。

那些如今想来像梦的晦涩时光，犹如换了一身衣裳前来叨扰。一年的乾坤大京班，一年的共舞台，似乎也离去很远很远，游园惊梦一般。但她深知，自己已经往前走了很长的路，不能回头了。短暂的休息，只为走更长远的路。

停一停，想一想，究竟要去何处，比一味向前冲，盲目甚至麻木，要来得更理智。年纪尚轻，迷茫也是很正常的。幸运的是，有父亲和师父的引领，尽管前方的路是未知的，但心里的勇气，到底还是多了些。

离开共舞台一段时日，演出机会又来了。孟小冬受邀前往福建做短期演出，为时半个月。温暖潮湿的南国之都临海之城，和上海不同，风光旖旎，流水潺潺，冬天不冷冽、不刺骨，连风都异常轻柔。小冬把拿手戏目搬上舞台，又赢得福建观众的热烈掌声。半个月后，她从福建回到上海。

还没来得及安静地坐下来品味一壶茶，放松那劳累的双脚，演出邀约又呈上门来。这回是南洋小吕宋（今菲律宾群岛中的吕宋国）遣人来说一定要小冬前去献艺，对方诚意十足，定金早早就备下了。竟没想到孟小冬的名声已远洋在外，据说许多华侨同胞常居在吕宋国，常有艺人前往该地进行商业性演出。

孟小冬和师父一行人，收拾行装前往吕宋国，在该地做了几个月的演出。凭着小冬的本领，以及她一丝不苟的态度，每场戏都精彩到位，大获华侨们的赞赏。俗话说，是金子总会发光。是金子，无论到哪儿，都会闪耀夺目。

从吕宋国回到上海后，孟小冬非常短暂地休息了几日，随即前往汉口演出。据载，早在她从福建回沪后，二伯父孟鸿寿受人之托，引荐小冬去汉口商演，条件什么的都已经谈好。怎奈中间出了点小岔子，二伯父因为参加标会而耽搁了这事，启程之时，小冬和师父未等到人来，六神无主之际，吕宋国的人来邀请，便登船前去。

后来得知小冬回沪，汉口方面又托共舞台的老艺人来邀。孟小冬遂和师父，以及旦角、小生、琴师等人一起赴汉。值得一提的是，同去的琴师正是前文提及的全国知名琴师孙老元。据说他与小冬的父亲和叔伯都有些交情，当时他年事已高，来沪探亲，经女婿的介绍，十分乐意随小冬他们前往汉口演出。

孟小冬的一生虽坎坷曲折，然而不幸中的大幸，是一路走来得到很多贤能之士的相助。在她的京剧艺术成就上，我们不仅能看到本身刻苦用功、天资聪颖却不骄不躁的她在台上台下演绎传奇的身影，还能看到师父仇月祥呕心沥血的悉心栽培，知名琴师孙老先生为她操琴吊嗓，京剧大师余叔岩病入膏肓仍倾囊相授……一代京剧冬皇的成就，离不开这些人的奉献。

汉口，无论是民国还是现代，都是一座繁华之城，是中国中部地区最大城市武汉市的重要组成部分，为大武汉的金融、商业、贸易中心，自古被誉为"楚中第一繁盛处"，以"东方芝加哥"之名驰声于海内外。汉口镇地处长江西北、汉江以北的地域，隔长江与其东南侧的武昌相望，并汉江与其南侧的汉阳相望。它和佛山镇、朱仙镇以及景德镇被誉为江南四大名镇。

民国时期，京剧在汉口尤为盛行。闻说那是孕育京剧的发源地之一，许多大师级的京剧人物都是来自汉口，比如谭鑫培、余叔岩等。这也说明，那儿的听众戏迷对京剧的鉴赏水平甚高，不是轻易能被打动的。当时流行的谭派，而小冬以孙派开蒙，观众到底买不买账，她的唱腔和功力能否与之前的演出那样赢得认同和赞赏，那还是未知数。

太古轮越过重洋，把孟小冬带往那座繁华之都，带往那流转的命运彼岸，带往那未知的陌生舞台。那艳阳有些许刺眼，鬓角渗出细密的汗珠，她一抬手，轻轻地拭去，跟上师父的脚步，踏入怡园剧场。怡园剧场和上海大世界差不多，也是游乐场，里面设有京戏舞台。

半年前，怡园剧场曾贴过小冬的演出海报，但那次因二伯父的耽误而没有来，这次又早早贴出演出消息，上面还加上琴师孙老元响当当的名号，观众十分期待，据说三天的戏票在三天前已经预售一空。

农历七月初六，孟小冬在怡园剧场登台。头三天的打炮戏是《逍遥津》、《徐策跑城》、《打鼓骂曹》，因逢七夕佳节，加演《天河配》（又名《鹊桥相会》）。

《徐策跑城》是京剧传统戏《薛刚反唐》中的一折，是南派京剧创始人之一、人称老三麻子的王鸿寿及麒派京剧创始人麒麟童周信芳的代表作。故事是讲薛仁贵的后代被奸臣张泰等陷害，全家抄斩。同情薛家遭遇的徐策，用自己的孩子代替薛的后代受刑，换下了薛猛的孩子薛蛟，并将他抚养成人，叫他到韩山去找正在招兵买马的婶母纪鸾英发兵报仇。纪鸾英的丈夫薛刚原流亡在青龙会上聚集人马，欲图报仇，这时也到了韩山。大家聚集后发兵进逼长安。徐策闻讯，喜极，不顾自己的衰老，亲上城楼观望。徐策答应代为上奏皇帝，求将张泰赐死为薛家申冤，否则，就让大家杀入午门。见了薛家后代人物的英雄气概，老徐策竟高兴得连马也不骑，轿也不乘，急急忙忙地上朝奏本。

《打鼓骂曹》，又名《群臣宴》。三国时期，有一个叫祢衡的人，恃才傲物，和孔融交好。孔融向曹操推荐祢衡，但祢衡称病不肯去，曹操以傲遇傲，封他为鼓手，想在大宴群臣的时候借机羞辱他。祢衡满腔怒气，借击鼓发泄，并当众大骂曹操。曹操把他遣送给刘表，祢衡对刘表也很轻慢，刘表又把他送去给江夏太守黄祖，后因和黄祖起了言语冲突招致杀身之祸。

孟小冬在《徐策跑城》中扮演老生徐策，在《打鼓骂曹》中扮演祢衡。

她扮相俊俏，气度非凡，一登台，还未开嗓，就已吸引住观众的眼球。

她一身戎装，英气逼人，眉宇间竟无半点女相。

更让人们震惊和佩服的，是她那副惊为天人的好嗓子。她的嗓音清润嘹亮，不带雌音，确实配得上惊为天人这个形容。

三天的戏演下来，获得汉口观众的一致好评，喝彩如潮。

孟小冬又一次用她的实力征服大批戏迷。

多年后甚至有老戏迷回忆当年的情景：

那次我正巧也在汉口，看了孟小冬一出《奇冤报》，从行路到公堂，一气呵成。剧场座无虚设，而且凡有空地都加了凳子，更有不少人站着听，这种盛况是很少见的。

一阵喝彩之后，竟自鸦雀无声，台下都在屏息凝神，就连绣花针坠地恐怕也能听得清晰。有人说这出戏没什么做表，全以唱功取胜。

其实没有完全说对，怎么没有做表？在喝酒中毒以后，刘世昌应隔着桌子前空翻落地，我担心她来不了，可能拖泥带水，因为穿着褶子，带了髯口，而且又穿着厚底靴子，不太容易搞好。

有些人偷懒，往往身子横在桌上一滚，表示一下就算了。却不想她认真地用手一按桌子，正面翻了过来，干净利落，非常漂亮，于是又博得全场彩声。

接着还有"甩发"、"硬僵尸"倒地，俱见功夫。

汉口的戏迷被征服了！要知道这还是个未成年的小姑娘呀！可见，平时在练功时不知吃过多少苦头。

至于这出戏的唱功，也是没挑的，特别以正宫调唱大段"反二黄"，小冬嗓子从头至尾润亮有余，一气呵成，真使观众听得如痴如醉，称心满意。孙老元的琴又是那么严丝合缝，水乳相融，实在太好了。

我向四周一看，全场有一半人在摇头晃脑，附近的几位连眼睛都闭上了，真个是韵味无穷。

剧场内的喝彩声此起彼伏，小冬老元几乎各占一半。

这一场戏留给我的印象太深了，真是终生难忘，这情形就连余叔岩都没有过。

时值盛夏，观众们的热情似那炎炎骄阳，燃起剧场的气氛。

孟小冬不负众望，连日演出《失空斩》、《捉放宿店》、《四郎探母》、《南阳关》、《珠帘寨》等老生戏，满足汉口观众们的戏瘾。

而看得过瘾的，又岂止是普通观众，就连同行的、当时也在汉口其他剧场搭班演出的艺人姚玉兰也为之痴迷。

姚玉兰，其父是京剧丑行演员"七盏灯"，早逝；其母小兰英，是宗汪派文武老生，名号"坤伶老生大王"，据说丈夫去世后，她常带着玉兰和玉兰的妹妹玉英四处巡回演戏，到过很多地方，如北京、上海、天津、山东、哈尔滨甚至南洋新加坡、菲律宾等，是京剧史上流动演出到过地方最多，也是最早到过南洋一带演出的女演员之一。她是早期女老生中较为杰出的艺人，还曾被邀请录制过数张唱片。

如此多才多艺的母亲，把两个女儿也培养得非常出色。姚玉兰九岁在汉口坐科学艺，十二岁就正式登台表演了。她是位全能型人才，生、旦、净，文武戏皆能拿捏自如。常演《逍遥津》、《辕门斩子》、《南阳关》、《目莲救母》等戏。戏路和表演特色与孟小冬颇多相似之处。

如此优秀的女老生，离不开她的母亲严格的教导。虽然台下是母女，但到了台上演戏，就不能出半点的差错了。有一次她们母女三人合演一折叫《赵五娘》的戏，原本故事应该是这样演的：姚玉英扮演的角色有一句台词，应该念"我是投家书的，下家信的"，然后母亲扮演的张广才因年老耳背，把"下家信"听成"下信"，而"下信"在古时候是下毒的意思，张广才误以为她说的是下毒，进而有后面的故事。

但当时姚玉英却把台词念错了，念成"我是下家书，投家信的"，母亲饰演的张广才没办法接下去，戏演砸了。念错台词有时候是非常严重的，会毁了整场戏。结束后回到台下，母亲非常生气，打了姚玉英一巴掌，让她永远都记得，不应该在台上犯错。有这样严厉的母亲，姚玉兰和姚玉英两姐妹从小在唱戏上就十分严谨和认真，也因此使她们成为优秀的演员。

当姚玉兰听闻汉口来了个了不起的女老生，生得俊俏，演得传神，和胡琴圣手孙老元一起同台配合，天衣无缝，精彩绝伦。她不禁想一睹其风采，竟暂停了自己的演出，日日跑去看孟小冬的戏。

人与人之间的缘分说来倒是有几分玄乎。这位比小冬大四岁的女艺人，此前素未谋面，却因为小冬的戏而喜欢她，并成了义结金兰的好姐妹。那年小冬十五岁，终于有了一个年纪相仿的闺密好友。在汉口演出的这半年时光里，孟小冬不仅在戏曲界名声大噪，而且收获了一份可贵的友谊。

岁月长，衣裳薄，晨露沾湿衣裙，时光在脸上悄然爬过，那时的她们，盛开如同娇艳的花朵。台上是威武矫健的生角，台下恢复正当妙龄的女儿身。她们互相欣赏，情同姐妹。谁说戏子无情？正因为看了太多那红尘世间的冷漠与无奈，才不敢轻易掏出那颗未被沾染的真心。

她们之间的缘分，竟有一辈子那么久。两人从相识一直走到生命的尽头，谁也逃不出命运织好的网，谁也没有冲破宿命的枷锁。所有的姻缘巧合，都是几生几世之前结下的，错综复杂，这辈子都难以理得清。只知道眼下的相识，像是遇到一棵开满花的树，可以手挽手一起祈祷，未来会像心中期待的那么美好。

彼时的她们，也一定想不到，此去经年，春秋几载之后，会一起共度余生，会一起共侍一夫。那交错纠缠的丝线，已将两人绑在岁月的尽头。

孟小冬和姚玉兰身上多少有些相似之处。她们汉口一别后，直到1925年初秋，二人在北京相遇，并有幸同台演出。相聚别离，来去匆匆，更多了几分想念。短暂的相聚，然后各自天涯。说来也巧，她们两人都是在差不多的年月遇见爱情。

从北京离开后，姚玉兰和母亲、妹妹受邀前往上海的黄金大戏院演出。母女三人常常共演一台戏，母亲唱老旦，玉兰唱须生，妹妹唱武生，配合默契，三人又是技艺超群，博得上海戏迷的喜爱，红透一时。那段日子，黄金大戏院每夜座无虚设，都是来捧她们母女的场。

而对京剧极爱的青帮大亨杜月笙，很快便看上才貌俱佳的姚玉兰。尽管那时杜已有三房妻室，但他仍然常常专门去看姚玉兰演戏，并且送花献殷勤。然而受玉兰的母亲阻止，杜并没有轻易追求到日思夜想的佳人。后来杜托人穿针引线，最终把姚玉兰娶了进门，当四姨太。

杜月笙曾向姚玉兰许诺，绝不以妾相待，并另建了一处新宅给玉兰母女居住。婚后的姚玉兰渐渐脱离舞台，尽心侍奉在夫君身侧。她恪守妻子的本分，安静地做杜家四太太，不与其他妻室争风吃醋。

看似美满的良辰，却只因别无更理想的选择。又有哪个女子，会心甘情愿地做别人的姨太呢？真爱又如何，不过是情到浓时的自欺欺人。很多时候，我们只是懒于和命运对抗，在悲叹时，却又依旧循着那眼见的轨迹而去。

　　有时候，我们却又想起来要和命运对抗，但已经无能为力，又继续将就和妥协，所有的梦想和憧憬，都在每个午夜梦回中扑向盛大的死亡。那些渴望的简简单单的幸福，其实早就在身边，我们却往往熟视无睹，后悔没有永远站在耀眼的舞台上，后悔没有享尽足够多的掌声和美誉，就匆匆地趋于曾梦寐以求的平凡生活。我们总是矛盾的，用自己双手，一边浇灌出美丽的花，却又一边将它埋葬。

　　相似的命运，相同的结局，但选择的路不同，看到的风景也天差地别，对待人生的态度，更是各有各的执念和信仰。在汉口经历过此次演出后，孟小冬的命运发生了变化，确切地说，她有了一个可以改变一生的选择。她还那样年轻，没有任何一个地方能够将她困住，也没有任何人能成为她的羁绊。她追求的，是学更加正宗的谭派，是登上更多的舞台，是为更多人带来精彩的演出。她，和许许多多的戏子一样，但她，却又是那么与众不同。

贰　搭班

人生就像一出戏，一出开幕之后不能重演的戏，一出没有固定台本的戏，一出无论如何都得演完的戏。我们无法预知接下来会发生什么事，会遇见哪些人，会经历怎样的风霜血雨、柳暗花明。我们能够做的，就是用真心去换一段无悔无怨的人生。也许，那并不是轻易能够做到的，但人生无常，把握命运给予的机会，也许，会得到意想不到的结果。

孟小冬在汉口怡园剧场的演出告一段落。这短短的半年时光，她在技艺上长进了不少。这离不开孙老元的提点和指教，当然，也离不开小冬自身的努力和悟性。孙老元精通谭腔，他给小冬讲谭派、余派的老生戏。小冬获益良多。她亦是个虚心好学的好学生，对待师长毕恭毕敬的，嘴也甜，讨得前辈们开心，这样的女子，谁不喜欢呢？孙老元看到她这么聪明伶俐，对京戏又如此热爱和认真，便提点她，若要在谭派、余派等京戏上有更高的造诣，应该去北京发展。

当时京剧艺术主要集中在北方，如果不能在北京唱红，就算红遍大上海，也仍有野路子之嫌。虽然孟小冬唱红了上海滩，但在北京，仍不过是无名小卒，尚无立身之地。那时的京剧演员，都渴望去北京搭班演出，并且有过一句这样的话："情愿在北数十吊一天，不愿意沪上数千元一日；盖上海人三百口同声说好，固不及北边识者之一字也。"得到北京戏迷的认可，那才是真正的成功。

孟小冬听到要去北京的提议，而师父也十分赞同，她心里自然是欢喜和期待的。从汉口回沪后，仇月祥和孙老元向孟五爷提出这件事情。孟五爷当即说好，不过他并不同去，因为年岁渐长，身体不如从前那般硬朗，不想奔波流离，他打算等小冬在北京站稳脚跟之后再过去。当时小冬的六叔鸿茂也在场，听到要北上搭班，赞同之余，还建议跟大舞台的白老板白玉昆一块儿去，他听人说白玉昆刚辞了班，正在招兵买马，自己组班北上。

孟六爷所说的白玉昆，原名白胜萍，北京人，九岁开始学艺，早期接触旦角，后转武生。据说他十八岁出科，二十二岁加入大舞台，生、净、旦、丑皆能通晓，而且创造力丰富，曾让一出名为《葭萌关》（又名《战马超》）的冷戏起死回生。他的表演能力极强，戏路子宽，能反串各种角色，创编了不少出色的戏目，如《风波亭》、《地藏王》。曾和周信芳配戏，合演《狸猫换太子》，深受周的赏识。

决定要北上后，孟六爷马上登门拜访白玉昆，向他说明来意。白玉昆组的戏班子已有数人，正差三两个就可以出发，孟小冬要加入，他自然是求之不得。他让孟六爷回去等消息。

好事多磨，孟六爷等了好几日都不见人来回话，便去催了两回。

1923年，一个寒风凛然的清晨，孟小冬和师父仇月祥，胡琴圣手孙老元以及孟六爷的儿子小帆跟随白玉昆的戏班子启程，沿津北上。据说原本的计划是先到天津，再从天津到北平。然而中途却节外生枝，计划永远赶不上变化。途经山东济南时，戏班接到演出的邀请，孟小冬只得跟着大队伍停留在济南，这一演，就是数月之久。

济南对孟小冬来说并不陌生，早年孟五爷带着她跑码头演戏时，曾到过济南，据说她还客串过娃娃生。经年十几载，物是人非，孟小冬已长成亭亭玉立的大姑娘，那清丽的脸庞，眼里流转的潋滟，静静地看着这人来人往、车水马龙、灯红酒绿的济南府，心里轻叹，时光终究是匆忙而又无情地把她推向光怪陆离的尘世。

她总是把握时机，认真而又诚挚地演绎不同的角色，然而命运有些时候也容不得她做选择。人们常说，人在江湖，身不由己。她一个小小女子，从小在外抛头露面地打拼，早早体验到这暗藏凶险的江湖，无奈的滋味并不陌生，如浮萍般漂泊流离的日子也经历过。

人生中总有些不得已的事情，是必须经历的。在到达春暖花开的彼岸之前，也许我们爬过千重山，渡过万重水，辗转无数个月明星稀的夜晚，横穿一片片浓郁的荆棘之林，迷茫了一颗期待的内心，慌乱了原本坚定的脚步，模糊了身后来时的长长的路，才能到达我们想去的地方，看到我们想看的风景，过上我们想过的幸福生活。如果人生在启程之前，就能预见这些，我们还会背起行囊勇敢地前行吗？

但人生往往没有过多的选择，这些必走的路，必经的苦难和劫数，必受的痛苦和灾难，都不容我们多迟疑一会儿。也许我们顺其自然地去走该走的路，会看到我们意料之外的风景，会收获意外的美好。

在出发之前，孟小冬没想过会在济南停留这么长的时间。她跟着白老板的戏班，下榻济南府，每天分日夜两场戏。白天演些传统的折子戏，小冬常演她拿手的那几出，诸如《捉放曹》、《空城计》、《珠帘寨》、《四郎探母》、《十八扯》等。夜晚则由白老板亲自挑梁。有一技之长的小冬，无论到哪儿，都能站得住脚跟。

济南，又称"泉城"，有著名的大明湖，风景宜人，气候温润，素有"四面荷花三面柳，一城山色半城湖"的美誉。这座历史名城连接着津浦和胶济两个铁路，是交通要道之一，来往的商贾非常多，热闹繁华，川流不息。据说当时济南也是京剧演出的重要码头之一，南北很多名角儿都到过这里来演出。这么说来，济南的人们对京戏的热爱和欣赏也是有一定水平的。

那个时候我国国内正处在军阀混战的时期，而济南是军阀张宗昌的地盘。张宗昌，山东掖县人，年少坎坷多艰，后来参加了起义，立下军功，一路平步青云。他有一绰号——"狗肉将军"，因嗜赌成癖，终日与骨牌为伍，当地人称玩牌九叫"吃狗肉"，故有此绰号。又称"混世魔王"，足见其人劣迹斑斑，恶贯满盈。他还有一个绰号叫"三不知将军"——不知道自己有多少姨太太；不知道自己有多少条枪；不知道自己有多少钱。

张宗昌不仅喜欢赌钱，还十分好色。他妻妾成群，凡见到合心意的女子，必定强取豪夺，不管是风尘女子还是良家妇女，通通成为他的玩物，甚至有外国的女子，也成了他的姨太太之一。许多无辜的女子，在最美的年华里，竟被这"狗肉将军"强占了下半生，从此再无前途可言。多少盛开的艳丽花朵，就这样白白被糟蹋了。说到底，这也是封建时代的悲哀。只能感叹一句，这些红颜，终是躲不过命运的捉弄。

而正是出落得美若惊鸿的孟小冬，和这些薄命的女子一样，也即将面临被吞噬的危险。

张宗昌听手下的人说，戏园来了个倾国之姿的女老生，貌美如花，颇受观众的喜爱。张宗昌一听，心花怒放，立马派人去戏园订包厢，吃罢午饭，也顾不上休息，带着随从便赶往戏园，迫不及待要亲眼看看孟小冬。

据说张宗昌非常喜欢京剧，是个十足的戏迷，也有一定的鉴赏水平。他特别喜欢听余叔岩唱戏。戏瘾来时，便打发人去北平接余叔岩到济南的府上唱戏。张宗昌是奉系大军阀张作霖的大红人，兵权很大，碍于他的权势，余叔岩不敢推却，只能每每奉陪，唱戏、打牌、抽烟。这亦是戏子的无奈。

十七岁的孟小冬，注定遇上这一劫。

那日，孟小冬演了《空城计》，还和白老板合演了《戏迷传》。

她的演出一如既往地博得观众喝彩。张宗昌听了她的戏，亦是十分震惊，他觉得小冬唱的戏不逊于余叔岩。他心情大好，马上命人制作锦旗赠予小冬。

连日来不管公务烦琐，他亦要去戏园捧孟小冬的场。不但如此，他还订了票，请亲戚朋友一起去看。原本只为凑热闹而不懂戏剧的亲属同僚，看了几出《狸猫换太子》、《枪毙阎瑞生》、《镇江甘露寺》等戏目之后，在张宗昌的高度称好之下，也看出点门道来。

去戏园看还不够，张宗昌干脆命人把小冬请到府上唱堂会戏。张府当时的盛况，就像过节或是办喜事一样热闹。在大院内临时搭起了戏台子，周围摆上数张八仙桌，茶水糕点一一备好，女眷们打扮得花枝招展，雍容华贵，浩浩荡荡地出现在观众席上。专门设的贵宾席上，还有不少军政要员和社会上有头脸的人物。

张宗昌这么捧孟小冬，当然不只是因为她戏唱得好，他真正的意图，是孟小冬本人。阅美人无数的他，怎会看走眼呢？十七岁的孟小冬虽然在台上是男人的扮相，但始终是女儿身，在台下没有妆容的时候，清丽自然，眉目如画，白璧无瑕。她的身材窈窕婀娜，就算低调地穿朴素的男子衣服来伪装，也掩盖不了她自身散发出的天生丽质。

张宗昌垂涎小冬的美色，被她迷得神魂颠倒。他的主意打得太明显了，对小冬十分讨好，各种献殷勤。尽管落花有意流水无情，小冬并不想去招惹这些招惹不起的狂蜂浪蝶，但她也不知道有什么办法可以摆脱张宗昌的纠缠。就连师父和戏班子的同僚都十分困扰和担忧。张宗昌权势雄大，怎是他们区区的戏子可以抗衡得了的呢？

旧时的社会，身为女艺人，像小冬这么才色兼具，很容易就会被有财有势的青帮大亨或是军阀高官强行掳去当妾侍，命运根本由不得自己掌控，曾经的露兰春就是典型的例子。而小冬眼下的路，仿佛要被迫步上露兰春的后尘了。心中多少的无奈和害怕，都无处诉说，只能默默地等待，等待那奇迹般的柳暗花明。

也许是小冬心中有足够坚定的信念和希冀，得到老天的眷顾，为她打开另一扇窗，使她得以逃离张宗昌的魔爪。

正当小冬提心吊胆不知如何是好的时候，据说是一封紧急的电报帮了她。

原来当时即将爆发第二次直奉战争，张作霖急召张宗昌火速北上商讨军事。张宗昌权衡了一下利弊，虽觉可惜，还是选择干正事要紧，马上赶往北平，不敢怠慢军事命令。

而小冬借此机会，和师父以及白老板的戏班一众人终于离开济南，前往天津。

寒冬早就过去，那皑皑的白雪被春风暖成盈盈的水流，大明湖畔垂垂的柳枝吐露出崭新的嫩芽，候鸟从温暖的南方飞回从前眷念的地方。而小冬，也要继续前行了。

十七岁的她，幸运地逃过了这一劫。

这数月来在济南的日子，恍如隔世的梦境，在记忆里模糊成斑斑点点。有人说，生活像一条绳子，我们总是被牵着走，很多的无奈、退让、忍耐。但我们总不能一直成为这条绳子的俘虏，虽然很多时候我们并不能掌控全局，随心所欲，可是，这并不代表我们要绝望，要失去对生活的所有美好憧憬。机会总是有的，等待一个合适的时机，拉住生活的这条绳子，走向该走的、想要去的前方。

叁 献艺

陆小曼说："时光如雨，我们都是在雨中行走的人，找到属于自己的伞，朝前走，一直走到风雨停住，美好晴天。"

这时光的雨，淋湿了孟小冬的双眸，风雨后的晴天，却让她把前方的路看得更清楚。彼岸的花开，漫过她朴素的衣裙，霓彩的灯光，斑驳了她俊俏的脸庞，悦耳的丝竹，淌过她曼妙玲珑的身影。那朵早开的花儿，盛放得更加灿烂夺目。

微风里夹杂着暖春的气息，小冬和师父、琴师，一路跟随着白老板的戏班继续往北前行，来时的路已经模糊成遥远的记忆。辗转流离，颠簸向前，终于到达繁荣的天津。

天津对京剧演员来说，是一个十分重要的地方。有句行内话说："北京学艺，天津唱红，上海赚钱。"这说明了天津在京剧上起着很重要的作用。天津虽然不是京剧的发源地，但却对京剧的发展、传承和弘扬起到尤为显著的作用。据说天津人们对京剧的鉴赏水平也是极高的，甚至对京剧演员的表演招式无论是唱腔还是做表，都十分严苛，而且看戏的观众里面还藏有不少内行人。由此看来，要在天津唱红，不是件容易的事。

对小冬来说，唱戏最初的目的以及往后的愿望并不是唱红，而是认真地唱好每一出戏，将自己喜爱的戏剧，演绎给更多的观众看。京戏对她来说，也是家族的一种标志，她的血液里，从出生就流淌着属于梨园世家、属于京剧艺术的部分。宏观地来说，她要把京剧传承下去，京剧于她而言，就是生命里最重要的部分。

也许不是以大红大紫、荣华富贵来做目标，反而让她更加专注，更加心无旁骛，以至于能够在舞台上淋漓尽致地演出，散发京剧艺术的光芒。

小冬后来红遍天津甚至红到北平，那是必然的。但这必然，却离不开她自身的付出和努力。在这世上，没有任何一件成功的事情是必然会发生的，但不付出，不去努力，不去奋斗和拼搏，是必然不会成功的。所谓运气和天分，总是会在碌碌无为和懒惰成性中消耗殆尽。

孟小冬和白老板一行人到达天津后，安顿好一切，便受邀演于新民大戏院。那是处于日租界的一家戏园，老板叫赵广顺，有一侄女赵美英，当时与孟小冬、白玉昆一起挂头牌在新民大戏院演出。

据载，赵美英和小冬一样都是出身梨园世家，叔、父都是梨园名人，弟弟赵小楼亦是京剧演员。赵美英被称为"天才的女艺术家"以及"美艳亲王"。

她从小拜师学艺，天资聪颖，能文能武，不论是什么样的戏、什么样的角色皆能驾驭，多才多艺，深受天津观众的喜爱。

然而，这样一个红极一时的名伶，终是落得凄苦凋零的下场。在她被军阀李景天命人强行掳上开往远方的日本船只上，强纳为妾时，她的一生从此就断送了，京戏和舞台也从那一刻从她的生命里割离而去。这位优秀的艺术家，后来历经艰险从噩梦中逃脱，却也没能继续演戏了，最终病逝在天津。

旧社会的伶人，但凡有些姿色，有些魅力，在外抛头露面地绽放，背后又无半点势力背景撑腰，难免落得被人强占而去的悲凉下场。已经有太多太多的例子，就连孟小冬也差点成为她们当中的一员。幸而命运对她手下留情，让她得以继续活跃于舞台之上，为梦想和初衷继续发光、发热。

在津沽停留的这段日子，孟小冬每晚出演夜戏，日戏也常有参加。据记载，许多连台本戏如《狸猫换太子》、《侠义英雄鉴》、《七擒孟获》、《枪毙阎瑞生》等集体戏，小冬均有参加。她不但单演骨子戏，如《空城计》、《捉放曹》、《珠帘寨》等，还和赵美英合演对儿戏，如《四郎探母》、《打花鼓》、《坐楼杀惜》、《十八扯》等。

当时由孟小冬饰演姐姐莲英，赵美英饰演妹妹玉英的连台本戏《枪毙阎瑞生》最受天津观众的欢迎，每次演出，必定是座无虚设。两人的大段大段的唱词演绎，都让津沽人们叹为观止。

在新民大戏院演出的这短短数日里，小冬已经一炮而红，她货真价实的功力，获得津沽人们的认可和好评。就连谭派名票王君直对小冬也是非常欣赏，惊叹其实力，不仅到戏园看小冬唱戏，私下里还常去小冬所在的酒店里给她说谭腔，并热心地亲自为其指点。

王君直出身名门，清末时期曾任学部主事、朝议大夫等职位。此人在诗词歌赋上都有所成就，酷爱皮黄，经常参加北京有名的票友组织"春阳友会"的活动，结识许多京剧演员和共同爱好者。王君直虽然是票友，但他得过谭鑫培的亲授，学唱谭派，造诣很深。他的嗓音一点都不输专业的京剧演员，清亮醇厚，学起谭派非常相像，就是因为相像，而使谭鑫培和王君直成为知交，每逢谭鑫培演出，王君直必定到场观摩，而谭鑫培每次到天津，也必与王君直相聚。

谭鑫培先生晚年的艺术已登上巅峰，当时梅兰芳先生刚刚出道不久，虽然有了一定的名气，但是毕竟与谭老板的名气和声望还有一段距离，尽管谭老板十分看重梅先生，但是真正促成二人合演的是王君直。有一次，谭老板准备演出《桑园寄子》，正缺一位好名旦与之配戏，王君直主动向谭推荐梅兰芳，两人珠联璧合，此事被传为菊坛佳话，同时也体现了王君直先生的慧眼独具。

不仅如此，据说余叔岩在未成名之前，也常向王君直登门求教，王君直还教过余叔岩诗文书法，助他度过人生的低谷。受了王的影响，余此后无论唱腔还是做派，都蘸满了浓郁的书卷气，格调高人一筹。后来余成为最早的四大须生之一，享名全国，仍念念不忘当初王的半师半友情谊。王热心公益，时常参加义务演出，同时对艺术毫不保守，凡来问艺求教者无不倾囊相授，他为京剧的传播和振兴做出了巨大的贡献。

孟小冬在津演出时期，王君直已经年过花甲，垂垂老矣。但他仍尽心尽力，亲自上门为小冬讲谭腔，并指点她。这份热情和爱才之心实在难得。小冬得此人物的口传心授，她亦十分珍惜这次机会，虚心求教和学习，为提高自己的技艺而努力。

她虽然已经红遍上海、无锡、汉口等多个城市，就连天津的观众戏迷也为她的实力与魅力所折服，但她并无骄傲之姿，仍不断追求更高的造诣。她才十七八岁，正是芳华正茂，却一直用认真的态度来对待京剧，她红得有迹可循。

当时的孟小冬，和如今的明星有相像之处，她唱红了天津，成了家喻户晓的名伶，加之她那绝世美貌，倾国又倾城，不但吸引了许多票友戏迷，还掳获了不少青年人的芳心。闻说很多青年人为了一睹小冬的芳容，而走进戏园。他们从街边的照相馆的橱窗里看到小冬的相片，穿着便装，眉目如画，端庄清丽，散发着不食人间烟火的气息，深深地被吸引住了。

不论哪个时代，总有一群追逐光芒四射的名人的年轻人，他们是那个时代最沸腾、最滚烫的新血，是未来的希望，他们用仰望的姿态和崇拜的心，去追捧他们心目中的偶像。

据台湾一位当年曾是天津中学生的戏迷在文章中回忆说："……不止女子十八一朵花，也不止因为她是名伶，真个的，她实在漂亮极了。我们同学差不多人人都买一两张她的照片，大一点的夹在书里，小的贴在铅笔盒里（那时恐怕没有肖像权的纠纷，照相馆老板大量洗印，公开出售，伶人也高兴——作者注），在暮色苍茫的傍晚，便匆匆赶到戏园捧她的场。我们不是去听戏，而是去看她的美貌。中学生还不懂得京戏唱做的技巧，只是看热闹，压大轴的全武行，如《夜战马超》、《伐子都》、《挑滑车》、《铁公鸡》、《狮子楼》才带劲儿。孟小冬都是唱的文戏，并且女扮男装，带上长胡子，宽袍阔袖，连那照片上的美丽也看不见了。"

而香港一位当年曾是天津大学生的戏迷则这样说："……那时我们同学中不少爱好京戏的，还加入过票社，受到过言菊朋的指导。在听孟小冬以前，我们喜欢言菊朋多过余叔岩。但也有说余叔岩比言菊朋好的，为此，还发生过纷争，闹得面红耳赤，不亦'气'乎。当时流行的说法，是言菊朋字正而腔不圆，余叔岩腔圆而字不正。言、余全学叫天（指谭鑫培），但各限于天赋而成就大异，两人曾打过对台，贴同一出戏，上座差不多。我们虽不大喜欢听余叔岩，却喜欢听孟小冬，一来她是女的，二来她没有余的毛病。大家为了弄清孟小冬所演戏目，有的同学课余休息时，就会凑在一起，报道今明后三天的不同戏码和演出近况，简直比私家侦探还详细。……现在人老了，我们在港的一帮老朋友去票房聚会时，还会学唱孟小冬的几出拿手戏，会彼此相视而笑，因为我们这些人也可以算得上是资深的'孟迷'了吧！同时还因为这是懵懂岁月的纪念，也是对那段'少年不识愁滋味，为赋新词强说愁'的时光的见证。"

由此看来，孟小冬对当时的一些戏迷的影响还是很深刻的。

那时的她，多少也能感觉到自己的人气有多高吧。在那些满座的观众里，总有一些熟悉而又年轻的脸庞，用倾慕的眼神仰望着她，追随着她。在台上的她，每个转身，每句唱词，似乎更加坚定和明亮了。

人生总是充满变数，像天空一样变幻莫测。短短数日前，天生丽质的小冬差点就沦为军阀高官的众多姨太的其中一个，被困在那永无出头的高墙深院，一生就此被斩断所有希望。而来津后，凭着一身技艺，博得观众喜爱，在传说中京剧最为难演之地唱出了名声。那岂止是单单的运气能够概括的，那是小冬勤奋努力而来的结果。

她从没抱过侥幸的心态去面对观众戏迷，每当她带上髯口，画上脂粉，装上戎装，她就是戏里面的角色，是冤魂刘世昌，是喜极而泣的徐策，是即将要被枪毙的阎瑞生，是悲怆哀号的汉献帝，是那些活跃在戏里面的男子。

她是个敬业的演员，她热爱自己的职业。而京剧于她而言，又不只是单单的一份工作，更是一个梦想，是生活中乃至生命里极其重要的部分。从她走上这条路开始，就注定要为京剧艺术奉献一生。也许年轻的她，还并没那么明确的目的，只是专注于眼下的路。然而，也只有专注于眼下的路，走好每一步，才能到达成功的彼岸。

有人说，不管你的梦想是什么，只有带着淡然的态度，做好当前的事情，才能如愿以偿。只有到了未来，才知道今天做的事情有什么意义。无论你选择做什么，那都是你理想的未来。能抓住机遇的人，大都是不假思索就做出选择的人。不能实现梦想的人，都是想要一样东西，却不愿意为之付出足够的努力。

那些看似必然的光芒，其实都是用无数的汗水和努力换来的。小冬她早就明白，这些所有得来的，都是曾经的自己，用勤奋和努力、汗水和劳累以及牺牲与寻常孩子一样的那些嬉闹玩耍的时光换来的。她能盛开得如此灿烂，不仅有师父和父亲的培育教授，遇到的各路大师前辈的悉心指导和提点，更加离不开自己的付出。

也许你会觉得，孟小冬是靠运气才能红遍这么多地方的，但别忘了，上天始终是公平的，只靠运气，也许还没在津沽站稳，就已经江郎才尽了，还如何能够继续走红呢？

肆　星辉

　　十七八岁的时候，我们在校园里，正面临着即将决定人生下一站的高考，正处于煎熬痛苦的高三。那些漫天的卷子和练习题，淹没了青春那张扬的脸庞。黑板上的倒计时每日都被擦掉一天，就像每日走向悬崖一步，又害怕又迷茫。然而，在漫漫的人生路途上，在时光的长河中，在记忆的碎片里，那段时间，却能变成最美好的回忆，尽管迷茫，尽管痛苦，尽管灰暗，但当时间都渐渐从手中流走，青春都慢慢老去的时候，那些年，才是最珍贵的。

　　而那个年纪的孟小冬，虽然并不像平常孩子那样，走寻常的路，经历寻常的生活，但那个年纪的她，和所有孩子一样，都在经历着同样美好的时光。

　　在戏迷们的依依不舍中，孟小冬的步伐没有停止，她真正的目的是北京。她没有依恋那短暂的光芒和安稳，没有满足那已经拥有的技艺，她渐渐地更加清楚自己要走的路。

　　1925年，民国十四年，春天拖着长长的尾巴，停留在初夏的暖阳余晖中，漫天的浮云在上空悠悠地飘过，风轻轻地吹起小冬额前散落的齐刘海。

她终于来到京剧的发源地——北京。

那时，那儿叫作北平，有许多的名人，正在那方土地叱咤风云。当年的时局还很动荡，处于更朝换代的时期，国内仍一片混乱的局面。然而，几个重要的大城市，因为人口的流动和经济的发展，仍呈现一派繁荣和喧嚣的景象。

北平的京剧，是全国有名的，能够在北平唱红，那才算是真正的名角儿。

而且，那儿确实卧虎藏龙，名角儿荟萃，人才辈出，想要混迹出一方属于自己的天地，并非易事。

据说，从外地来京的伶人，想要获得真正在北平唱戏的资格，必须重新拜师学艺，当然，并不是说实实在在地去学艺，而是形式上的一种仪式，有点入乡随俗的意味，这是北平梨园圈子里的一条不成文的规定。

孟小冬也重新拜师学艺，不过，她不像那些为了能在京城各大戏园立足的伶人那样只是形式上的拜师，小冬是真正地向一位京戏前辈求教学习。据载，她所拜的老师是京剧老生陈秀华，此人是谭余派名师，曾在上海戏剧学校任职过，教过很多名伶坤生。小冬抵京后，并没有马上挂牌演戏，而是先向前辈请教和学习。她既有上进心，又虚心和勤奋，加上天分和悟性，以及画龙点睛般的好运气，使她在京剧艺术之路上，越走越顺畅。

有些人，付出很多精力和时间，努力地奋斗，笨鸟先飞，但一点天分都没有，只知一味地向前，根本不知道自己到底适不适合眼下所从事的领域，到头来，也只能是平平庸庸，然后怨天尤人。

而有些人，仗着自己天资聪颖，拥有比寻常人优越的条件和天分，却任意挥霍时间，虚度光阴，骄傲自大，从来不去付出半点的力气，终有一天，会被时代所抛弃，只不过和寻常人一样庸碌一生，然后后悔万分。

只有少数的人，清楚自己的方向，清楚自己的实力，并为了梦想而去努力拼搏，坚定前行，用对的方法，该付出的时间和精力，去实现自己想要达到的目标，即使只是小小的、在别人眼里微不足道的目标，也是自己最有成就感的收获。小冬从来都是那么认真和努力，天道酬勤，上天待她还是不薄的，她天生条件好，适合唱戏，更重要的是她热爱唱戏，热爱京剧，并为之全力以赴，仿佛是为了京剧而生的。

夏季的蝉鸣惊醒了午后院落门前慵懒的大花猫，时光绵长地流走在长满青苔的石板路上。孟小冬抬头看了看窗外渐渐暗下的天际，是时候整一整衣裳，重新梳好发髻，和师父以及孙琴师一起去戏园了。来京数日，是时候登台展现自己新学的戏目了。

孟小冬在京城首演于三庆园。时至夏季，入夜后戏园门前人头攒动，熙熙攘攘，一派热闹繁华之象。一个关于孟小冬演出的广告醒目地粘贴在戏园门口："本院特聘名震中国坤伶须生泰斗孟小冬在本院献技。"引来许多人驻足围观。据说门前还有霓虹灯打出"孟小冬"的名字，又大又醒目的红色，戏园门口两侧还摆满了各界赠送的花篮及许多大大小小的银杯陈列在橱窗里面。据记载，就连袁世凯的次子袁寒云，人称皇二子的书画才子，都挥笔写下"玉貌珠吭"四字的巨幅匾额，高悬在舞台的一侧，甚是壮观。可见小冬在南方鹊起的名声，已经受到京城人们的关注和高度的期待。

在初到京城，还未登台演出的时候，虽然她早已名声远扬，但对于北平来说，她只不过是三教九流。旧时京剧界的女性伶人还是处于一种比较不平等的地位。所以后来孟小冬凭借着实力，在京城与梅兰芳等名角儿相互媲美，是特别了不起的事情。

首演当晚，三庆园也是观众满座。据记载，那晚的打炮戏是全本《探母回令》，即《四郎探母》。

《四郎探母》取材于杨家将故事，讲述的北宋时期，杨四郎延辉在宋、辽金沙滩一战中，被辽掳去，改名木易，与铁镜公主结婚。十五年后，杨四郎听说六郎挂帅，老母亲佘太君也押粮草随营同来，便动了思亲之情。但无奈战情紧张，无计过关去见老母亲，非常愁闷。公主问明隐情，盗取令箭，四郎趁夜混过关去，正遇杨宗保巡营查夜，把四郎当作奸细捉回。六郎见是四哥，便马上亲自松绑，带他去见母亲等家人，大家悲喜交集，抱头痛哭。但也只能匆匆见一面，又告别家人而去。

这出戏抒发了母子、夫妻、兄弟之间的种种人间的情感，苍凉凄楚，哀婉动人。对人物的感情刻画鲜明生动，非常有深度。此剧是生、旦唱腔成就较高的传统戏之一，很多京剧演员都喜欢唱这出戏。

孟小冬在这出戏里面饰演杨四郎，与之搭戏饰演铁镜公主的是坤伶赵碧云，操琴的仍旧是孙老元。这出戏对孟小冬来说已经演过很多遍了，但却是她在京城的首演，她有些紧张，却又充满信心。

一出场，因为扮相和台风，马上赢得潮水般的掌声，令小冬心里的紧张感消失了一大半。第一折戏是"坐宫"，小冬缓缓唱来，咬字准确，字字珠玑，苍劲有力，配合神气的扮相，使台下掌声不断。无论是唱腔还是身段，都把握自如，美不胜收。她的表演行云流水，淋漓尽致，余音绕梁。

孟小冬在唱戏时，嗓音高亢，声震屋宇，在台上比男人还像男人，把每个角色都演绎得传神到位。虽然她的戏路比较文，并无大段的武打动作，但仍能抓住观众的眼球和听觉，使观众听得如痴如醉，看得目不转睛。这就是孟小冬的本事。首场戏演下来，就大获好评。在京城这样名角儿众多的地方，竟也能脱颖而出，找到属于自己的一片天地。

这台戏，可以说是小冬在京城，甚至是京剧之路上非常重要的戏，它令小冬能够立足于竞争激烈的京城戏剧界。它令"孟小冬"这个名字更加广为流传。它令小冬多了许多机会。比如，有唱片公司来找她录制唱片，比如很多家戏园争着邀请小冬演出。

当时京剧非常繁盛，京城并不缺乏优秀和出名的演员，在这个行业的竞争也十分激烈。而小冬却能一举成名，迅速在名角儿荟萃的京城找到一席之地立足，实在不容易，但她做到了。

繁忙和紧凑的演艺生活节奏对小冬来说一点都不陌生。她一直以来，都是过得这么充实，只是这段时光，比以往更加忙碌了些。各大戏园的邀约不断，小冬每天赶三五场戏也是有的，白天演于开明戏园，夜晚又得跑去歌舞台，去广德楼演两场，又赶着去三庆园登台。正是年轻气盛、精力充沛的年纪，小冬很快就适应了这种节奏，就算是劳累些，也不觉得辛苦，更从不抱怨半分。

路遥在《平凡的世界》里面说过："其实我们每个人的生活都是一个世界，即使最平凡的人也要为他生活的那个世界而奋斗。生活不能等待别人来安排，要自己去争取和奋斗；而不论其结果是喜是悲，但可以慰藉的是，你总不枉在这世界上活了一场。有了这样的认识，你就会珍重生活，而不会玩世不恭；同时，也会给人自身注入一种强大的内在力量。"

小冬对待生活的态度，就像路遥所说的那样，为自己的生活，为京剧艺术而奋斗。无论天气是晴是阴，无论要走多少的路，流多少汗水，换多少次戏服，扮多少回男相，演绎多少段压根儿与自己没有半点关系的人生，她依然做到全力以赴，全心全意去对待所要做的事情。她就是那么沉静地，一边在舞台上演绎多种的角色，一边在台下安然而又谨慎地过着属于自己的生活。看似柔弱，却暗藏着力量，就像那一汪平静而温柔的湖水，却有着淹没土地屋舍的可能。

在小冬为唱戏而忙碌时，师父一直陪在身边，一如既往替她料理各种应酬之事，俨然如今的经纪人角色。据记载，当时有两家唱片公司前来邀请小冬录制唱片，一家叫"长城"，另一家叫"丽歌"。这是绝佳的机会，师父非常乐意地替小冬接下这个活儿。在跑戏园演戏的空当，小冬挤出时间，在"长城"唱片公司灌制了三张唱片，分别是《捉放曹·行路》、《捉放曹·宿店》和《珠帘寨》。在"丽歌"唱片公司灌制了《逍遥津》和《捉放落店》。这些唱片成为后人研究和鉴赏京戏的重要资料之一。

除了录制唱片，小冬还参演义务的戏以及各种堂会戏。在如此繁重的演出之外，她居然还能空出时间来学习新的戏目，如《乌龙院》、《打花鼓》、《平贵别窑》、《游龙戏凤》和《南阳关》等，都是来京后新学的。据说这几出戏当中，最为叫座、最受观众欢迎的是《南阳关》。

《南阳关》出自《隋唐演义》，讲的是隋文帝被害后，杨广篡位，是为隋炀帝。隋炀帝命太宰伍建章起草诏书，伍建章不肯从命，被斩。伍建章死后，杨广知道其子伍云召镇守南阳，为了斩草除根，便派大将韩擒虎等前去讨伐。伍云召得知这个消息，据城抵御，韩不敌。宇文化及又派儿子宇文成都助攻，伍云召知道自己再难抵御，他的妻子自尽了，他带着儿子突围而逃。宇文成都穷追不舍，伍云召遇朱灿相助，收养其子，自己则投海而亡。

当时开明戏园连续几次邀请小冬重演此戏，足见她领悟和学习能力有多强了，一出骨子戏，由师父讲授，孙老元亲自操琴、指点，小冬吊嗓练习。到了舞台，呈现出来的结果竟又是这般惊人。孟小冬，不愧是天生的京戏料子。这块料子，就像一块上等的玉，注定只要经过名匠雕琢，就能成为价值连城的珍宝。而雕琢小冬的名匠之中，孙老元算是最尽心尽力的了，前文也提过，他已经岁数很大，还跟着小冬跑戏园演出，并把自己的毕生技艺一点一点地传授给她。据说曾经有许多名角儿要拜他门下向他求教都无门，可见小冬是真的值得他这般付出的。

民国十四年，孟小冬来京的这一年，从盛夏到寒冬，她几乎没有断过演出。也许你会不解，为何她要这么拼命，连留一口喘息的时间都没有。当时北平京剧界的情况，很像如今的好莱坞，竞争是十分激烈的。京城戏园众多，每日每夜不停歇地上演各种戏目，而京城的名角儿更是像天上繁星一样，你数都数不过来。诸如梅兰芳、王凤卿、言菊朋、小翠花、李万春、余叔岩、杨小楼、马连良、谭富英、姚玉兰三母女，等等，都是非常著名的名角儿。

在老生一派，以余叔岩为首，当年他年方三十五，正是红得发紫的时期，虽因身体的原因，登台并不频繁，每周演个一两次，要看他的戏，就显得很难得。马连良那时才二十出头，已经红遍南北，扮相俊，嗓子好，台风潇洒，已经威胁到前辈们的地位了。还有不满二十岁的谭富英，只有十五岁的王少楼，都是老生里面后起之辈的佼佼者。而快满十八岁的小冬，却也能快速在名伶崛起、百花争艳般的京城戏剧界一举夺得满堂彩，实在不简单。

回想起当年那个四岁的丫头片子，开始练习"拿大顶"，乐此不疲地跟在孟五爷身后去看别的伶人练习吊嗓、身段功架时，那时的她，那时的孟五爷，一定不曾想过，有朝一日，这个天真无邪的小女孩，会成为名震全国的坤伶须生。也许她应该庆幸，上天赐予她这般冰雪聪明、悟性过人的曲艺天赋，让她能够在繁杂的尘世中找到一处可以安身立命的天地。也许她应该感恩，感恩父母的选择，让她习老生不入旦行；感恩师父仇月祥，严厉地培训她；感恩每一个对她伸出援手相助过的人；感恩自己，没有勤劳刻苦的付出，就不会有如今的光芒四射。

　　岁月只是静好地在她身边流过，有过的迷茫，有过的痛苦，有过的决心和初衷，都静静悄悄、无声无息地在生命的长河翻云覆雨。

伍　乔迁

　　我们感叹岁月的无情，是因为我们常常来不及做一些想做的事情，比如孝敬父母。当我们在外面的花花世界里挥霍青春，为梦想驰骋，又或者为了一千种不同的理由过我们的人生，我们在不停地奔走，却忘了，在身后，被岁月一点一点侵蚀老去的双亲。是他们把我们带进这凡尘俗世，是他们牵着我们的手走入这洪流般的人间。然而，当我们的翅膀长到能够让我们独自飞向远方时，却把他们留在原地。

　　无论我们双脚走到多远的天涯，心中始终会有一份牵挂，一份对他们的眷恋，就算从来不说出口，也存在内心最柔软的地方，就像一块触碰了会微痛的伤口。

　　对孟小冬来说，常年在外漂泊和打拼，家更是她非常需要的港湾，可以停泊，可以歇息，可以温暖那颗苍凉的心，可以不用戴上面具妆容扮演其他人，可以自由自在地做最真实的自己，放下那些浮华里的迷光流彩，只做爹妈疼爱的女儿，只做那个沉静、安然的十八岁少女。

　　在寒冷刺骨的夜晚，在赶往每个戏园的路上，在褪去戎装抹去脂粉的镜前，无数个细小的瞬间，小冬感到了来自内心深处的孤独和对家人的思念。来北平后的这些日子，她一直忙碌着，唱戏、学戏、灌制唱片，没有停歇，不知不觉，积蓄有了可观的数字，她开始盘算着，要让父母来北平一起生活。她把这个愿望告诉了师父，师父非常赞同，立马写信给孟五爷。

孟五爷收到来信，知道小冬在京城一切安好，心里非常安慰，和夫人张云鹤商量后，一致决定收拾行装北上和小冬团聚。孟五爷小时候就是在北平成长的，后来跟着父亲跑码头唱戏，辗转到了上海，也就在上海定居，这次回京，算是落叶归根，回到最初的地方。再说，虽对上海有所留恋，毕竟生活了这么多年，但上海的生活已经非常拮据，两老养着三个孩子，实在不容易，就算小冬每月定时寄钱回家，倒不如到北平去一块儿生活，日后有个照应。而且小冬已经决定在北平落户了。一家子便兴高采烈地将家什整理，毫无挂念地、带着对新生活的憧憬坐上北去的列车。

民国的时候，交通远远没有如今那么发达便利，从上海到北京没有直达的列车，要经过南京、蚌埠、徐州、济南、天津，然后才能到达北京。这一路上得转车，还得坐船渡江，要花三天时间在路途上奔波。那时小冬已有住处，租的是东城东堂子胡同的一幢老式的四合院房子，平时只和师父两人住，孙老元不同住，只是每日来教习吊嗓，尽管房子不大，但也显得空落落的。

孟五爷携妻带子终于来到京城，住进小冬和师父合租的房子。这四合院一下多了好几口人，加上佣人管家，显得非常拥挤。孟五爷在来时的路上染了风寒，身体不畅快，需要佣人照顾，加上冬天愈来愈深，这么多人挤在一个屋里也不是办法，小冬早就想好，要换间大一些的房子，让家人住得舒服、宽裕些，她私下里已经托母舅张桂芬去找房子了。

小冬和母亲商量换房子的事情，还把自己的一万元积蓄交给母亲。考虑到小冬已经十八岁了，得找一处好人家托付终身，还有二女儿佩兰也已经十六了，母亲便同意换房子。孩子的前程和终身大事，始终是父母最担忧和紧张的。

虽然小冬出来唱戏，但说到底也是渴望有个好归宿的，这和普通人家的女孩子一样。那时的小冬，也和她们一样，在心中渴望一个可以和自己厮守到老、全心全意爱自己的男子，渴望一份至真至美、矢志不渝的爱情，就像戏里面的花前月下，缠绵悱恻。那时的她，心中憧憬着能够遇到如意郎君，憧憬着"愿得一心人，白首不相离"的爱情。她还不知道，这辈子会被爱所困，被情所伤，被一个名分所桎梏。也许是上天不愿她这么美好，便许她一段刻骨铭心又痛彻心扉的爱情。

经过一番周折，在母舅的帮助下，小冬买下了东四三条25-26号房子。全家连同佣人、管家十几口人搬至新居。从此，孟家在北京落户生根。虽然后来小冬离开了北京，去往别的地方，但她的父母和弟妹都一直生活在此。直到时光翻过新世纪的扉页，那些从前的人和事都成了旧砖旧瓦上斑驳的痕迹。

第三辑

锦簇芳华

壹 前尘

　　有些人，在你前行的路上匆匆而过，不会留下任何痕迹；而有些人，却驻足停留，与你短暂交集，最后还是离去无踪影；还有一些人，他一直陪你走，默默地守候，在你回头时，或者快要到达尽头，才发现，你以为的孤独，其实毫无意义，因为有人用了他的半生光阴，来护送了你半辈子的路。

　　我相信缘分，自会冥冥中做好一切安排，那些偶遇，那些巧合，那些羁绊，都早已缘定了三生，刻在彼此的生命里，等待着我们去寻觅和发现。

　　在孟小冬传奇的一生里面，有三个男人，对她来说是最重要的。

　　杜月笙，这个名字你一定不陌生。前文已简略介绍过此人。他是青帮老大之一，是十里洋场叱咤风云的人物。他与小冬的前尘往事，还要从很早之前说起。

　　民国十四年，青帮大亨、共舞台的老板黄金荣把杜月笙叫来，让他想办法去找露兰春回来。露兰春走了有半年之久，据说当初在杜月笙的调停下露兰春和黄金荣办了离婚，黄金荣开出两个条件：一是露兰春从此不能再登台演戏，二是此生不得离开上海。露兰春答应了条件，暗中收下了杜月笙给的一笔钱，并在他的安排下去了天津。

黄金荣把露兰春放走之后，看上了她的徒弟小兰春。小兰春，名叫严绮兰，也是名角儿，美貌不逊露兰春，但却和露兰春的命运一样，被黄金荣强占了去，娶回了黄公馆。那时黄金荣的结发妻子林桂生已经离开了，黄得了新欢，暂时也把露兰春搁在了脑后。

然而，也许世人都把他的真心看得太轻了，他心里惦记的竟然还是露兰春。想起当初他为了护着露兰春所付出的惨痛代价，他对露的情是斩不断理还乱，任谁也无法替代吧。虽然身边已有新的佳人，但一想到露兰春的风情万种，便辗转难忘，于是派人去寻找她的下落。但得回的消息却是露兰春不在上海。

黄金荣心急如焚，简直快气炸了，当初开好的条件，互相承诺的话，居然只不过是信口开河的胡话，露兰春根本就没信守约定留在上海，早就逃之夭夭。他六神无主，也不知该如何，便找来杜月笙。

当时杜月笙的势力已经开始崛起，甚至位居黄金荣之上，但说到底他还曾经在黄金荣手底下当过徒弟，虽然如今黄已渐渐败落，不似从前那么风光，毕竟师徒一场。杜月笙非常会做人，他本想拒绝这件事的，因为实在是件吃力不讨好的事情，人本来就是他给放走的，现在又要去寻回来，怎么像话呢？

但黄金荣说，露兰春最有可能藏在孟小冬那儿。杜月笙听了，心里有了盘算，他答应了黄去北京找露兰春。几日后，他带着两个徒弟，坐上了北上的火车。

杜月笙和两个徒弟都是第一次来北京，人生地不熟，又不知孟小冬的住址，只能先找酒店安顿，然后再到街上游荡打听孟小冬的下落。

不听戏的人，对孟小冬自然是不知道的，所以找起来并没想象中那么容易。在上海，以杜月笙的势力和地位，要找一个人简直易如反掌，可是到了北京，也束手无策，只能见机行事。

不过，命中注定要相遇的人还是会相遇的，就算经历千百次擦肩而过，就算在游走的时光中错落成殇，就算在汹涌的人潮里失散，如若缘分未尽，终是会遇见的。杜月笙是个京剧戏迷，他到戏园附近去晃悠，很快就看到开明戏园门口贴了关于孟小冬的演出告示，上面写的是："本院特聘一十八岁名震中国色艺双绝超等坤伶谭派须生孟小冬。"

"孟小冬"三个字马上令杜月笙有了希望，他等到夜幕降临，然后再去戏园门口，结果被告知戏已经停演了几天。据说是因为孟小冬和一位叫作鲜牡丹的著名青衣在十七号晚上演完戏回家的路上遭了抢劫，受了点皮外伤，并且受到惊吓，所以临时暂停了演出。这个消息对杜月笙来说犹如晴天霹雳，他和两个徒弟只能再继续等待机会。而在等待的过程中，杜月笙遇见了日后成为他的四姨太的姚玉兰。据载，当时孟小冬的戏他是看不成了，但是在离开的时候，经过鱼市口的华园，看到挂牌的是小兰英和她的两个女儿，姚玉兰和姚玉英。杜月笙戏瘾上来，便买票进去看。那晚演的是连台本戏《狸猫换太子》。

那个时候，杜月笙还未对姚玉兰动心，是后来姚玉兰回到上海，和母亲以及妹妹受邀演于黄金大戏院，而杜每日都去捧场，然后看上了姚玉兰，积极主动地追求她，尽管二房和三房夫人极力反对，他还是娶了她，给了她名分，给了她归宿。

很多人都说，杜月笙对孟小冬的感情是非常复杂的。就从他来京替黄金荣办这件事情可以看出杜月笙做事很有方法，很有耐心，而且对孟小冬已有好感。孟小冬从小在上海学艺，也在上海唱红，爱看京戏的人都知道她，杜月笙从前更是经常去戏园给孟小冬捧场，他几乎是看着她从童伶渐渐演到亭亭玉立的少女。

后来小冬不再在上海演出了，而是跑码头到各个地方演出，如今已经出落成怎样的绝世佳人，杜月笙也非常好奇。所以尽管离孟小冬再次演于开明戏园还有一段时间，杜月笙还是决定了等待。虽然上海的公务非常繁忙，他还是不想就此离去。

撇开杜月笙在黑道和社会各个领域的所作所为，只看他对孟小冬的情谊，足见他是一个深情的男子。虽然他一生娶了这么多的女人，但用情最深的，却也只是孟小冬。他对待孟小冬，不像对待其他女人那样，喜欢了，直接娶了进门就完事，他想要的是，得到孟小冬的心。要得到一个人的心，岂是一朝一夕的事情，需要用同样一颗真心，去感动你想要得到的那颗心。而杜月笙，他做到了。

当然，在眼下，他能做的，只是静静地等待孟小冬的出现。

窗外的一阵秋风，骤然吹起了一地的落叶，吹翻了桌上的报纸。杜月笙拿起报纸，仔细地看了一遍，上面刊登的一则启事使他眼前一亮：

"鄙等不幸于阳历本月十七号夜同遭抢劫，杀人越货状极凄惨，不由令人痛哭，当时蒙我都父老，投函通电、纷纷慰问，相聆之下，曷胜感激，兹借今夕开演夜戏之便，特托开明代刊数行，略表谢忱，恕不一一踵谢。十月三十号。"

皇天不负有心人，报上的消息说孟小冬即将恢复在开明戏园的演出。他心中大悦，立马吩咐两个徒弟去买好门票，雇好黄包车。

当天晚上，杜月笙终于见到了孟小冬。她在台上的风采依旧，不减当年，甚至更加出色了，使他看得如痴如醉，和其他戏迷一样拍手叫好。演出结束后，杜月笙吩咐两个徒弟坐黄包车尾随孟小冬的车，轻而易举就找到她的住处。接下来的几天，两个徒弟在孟家门口四处监视，但并未发现露兰春的踪影。其实杜月笙早就知道露兰春不在此处，不过既然答应了黄金荣，有些事情还是要表面做得漂亮些。

在离开北京回沪之前，杜月笙决定亲自上门拜访孟小冬，他不想就这样默默地来默默地离开。去见孟小冬那天，他特意打扮一番，穿上了西装，一双白色尖头皮鞋。还去王府井大街理了发。虽然他从前没念过什么书，没有文化，而且又是干不正当的行业，但说到底他也是个堂堂的青帮大亨，在上海一跺脚就能震三震的风云人物。三十八岁的杜月笙，经过打扮，看起来十分潇洒，颇有绅士的风度。

只是去孟家拜访孟小冬，他也要这么注重仪容仪表，可见他想要在小冬面前留下好的印象。可是据说杜月笙的长相并不理想，和美男子梅兰芳比起来，那是差之千里。曾有采访过他的记者形容他是长得令人恶心的烟鬼形象。然而，却是这么一个男人，令小冬愿意半生来与他厮守，这种缘由和情感，也许真的像人们所说的，非常复杂。

爱情，从来就不是三言两语能够说得清、道得明的，只有两个人彼此之间经历过了，才最能体味其中的滋味。所谓旁观者清，不过是因为旁观者用理性去单纯做出评判，对相爱的两个人来说，根本就毫不相干，也毫无意义。

秋风萧瑟，梧桐叶落的午后，杜月笙来到了孟家门口，叩开了门，递上了自己的名帖。此时小冬正吃罢午饭，准备回房里歇息，听到佣人来报，说有位来自上海的杜某要拜见。小冬接过帖子，上面写着杜月笙的名字，她当然知道杜月笙是谁，只是心里踌躇着不知要不要见面。

手上帖子那"杜月笙"三个字，把她拉回了记忆的长河里，那是1919年的寒冬，十二岁的她刚刚加入黄金荣的大世界游乐场，演于乾坤大京班，一炮而红。那时年纪尚轻的她，演完戏后，安静地退到后台卸妆，和每个寻常夜晚一样，准备和师父回去。她并不知道，在台下的观众人潮中，有个男子，被她的戏深深地感染了。

杜月笙那时还未发迹，只是黄金荣手底下的得力门生。也许缘分早在那时就埋下种子，只是谁也没有察觉，而这种子，要用很多年的光阴，经历很多的流离聚合，才能发芽开花。

杜月笙提着花篮，穿过熙攘的人群，从嘈杂的后台，来到她的身边，落妆后的孟小冬，清丽俊秀，似一朵刚开的海棠，美好安然，只是淡淡地打量着眼前的这个男子。在她心中，他不过是和许多喜欢听她唱戏的戏迷一样，来献个花篮，表达自己的小小心意。有谁想过，那容颜和一颦一动早已落入杜月笙的深不见底的眼中。

林徽因说："我们总是会被突如其来的缘分砸伤，把这些当作是生活中不可缺少的主题。有些缘分只是南柯一梦，瞬间的消逝便成了萍踪过往。有些缘分却落地生根，扎进了你的生命中，从此纠缠不清。"

十二岁的孟小冬以为杜月笙只是她生命里匆匆的过客，那些缘分，不过是稍纵即逝，殊不知他才是生命中那个扎根在心上的人。那些不经意的擦肩和遇见，我们当时只道是寻常，没有心动，没有波澜，静静悄悄，却走进了姻缘的迷宫里，我们在寻找通往幸福的出口时，猝不及防地邂逅从前遇见过的人，才察觉似曾相识的脸庞，有一双情深意切的明眸，宛若星辰，穿透我们的灵魂，直达我们的心底。

孟小冬从短暂的回忆里醒来，吩咐下人去请孟五爷和师父一起会见杜月笙。

时隔经年，春夏秋冬，岁月呼啦而过带走青涩的眉目，再次相见，有些恍惚，又仿佛是初见，第一次正式会面，交谈，彼此间还只停留在淡淡的君子之交。

孟五爷恭敬客气地倒茶敬烟，询问黄金荣近况，杜月笙礼貌地回应，客套之后，话题便转向孟小冬，他的夸赞让小冬有些受宠若惊。

很多的场面话，听起来不必入耳，但其实又是真话实话，孟小冬当年能在大世界的乾坤大京班演出，是要感谢黄金荣的，且不论他的人品如何，他确实给了小冬一个红透上海的机会。而如今的孟小冬确实能称得上名震全国了，绝世坤伶须生的称号，她也当之无愧了。

谈笑中，杜月笙并没有说出半点关于露兰春的事情，他知道露兰春并不在此。他只是想见见孟小冬，如今见着了，也不枉他在京数十天的奔波和等待。

孟小冬明眸皓齿的绝色容颜，在他心中投下阵阵涟漪。任由时光如何残忍，岁月如何无情，都无法模糊她的脸庞。那时的种种心动，仿佛如梦惊醒，那朵高雅的海棠花，早已盛放在午后的秋日里，风萧萧，雨茫茫，也依然静好地开放。当初他的情不知所起，如今竟一往而深。也许，他就是在那个时候，决定要用一颗真心，去慢慢打动孟小冬的心。

贰　遇见

如何让你遇见我

在我最美丽的时刻

为这

我已在佛前求了五百年

求佛让我们结一段尘缘

佛于是把我化作一棵树

长在你必经的路旁

阳光下慎重地开满了花

朵朵都是我前世的盼望

当你走近

请你细听

颤抖的叶是我等待的热情

而当你终于无视地走过

在你身后落了一地的

朋友啊　那不是花瓣

那是我凋零的心

孟小冬和一代京剧大师梅兰芳的情事，就像席慕蓉这首诗那样，凄美哀婉，终是留下凋零残败的如花瓣那样的破碎的心。

提到孟小冬，梅兰芳是个不得不说的人，而有人说，一生中没有孟小冬，梅兰芳就不是完整的梅兰芳。彼此都曾是对方生命中不可替代的那个人。孟小冬一生中最重要的三个男人里面，梅兰芳是那个刻在她生命里的烙印，深刻得她用尽一辈子的力气和时光，都无法将他忘记。

梅兰芳，原名澜，又名鹤鸣，字畹华，祖籍江苏泰州。他八岁学艺，师承吴菱仙，十一岁登台，是中国四大名旦之首，梅派艺术的创始人，对我国戏剧艺术有着不可磨灭的贡献。早在民国十四年（1925年），孟小冬和梅兰芳就同台演出过，只是同台并非同演一出戏，但对孟小冬来说，那已经是值得骄傲的成就了。那是在北京第一舞台一次盛大义务演出中，梅兰芳和杨小楼合演《霸王别姬》为大轴，余叔岩和尚小云合演《打渔杀家》为压轴，孟小冬和裘桂仙合演倒数第三《上天台》，排在马连良和荀慧生的戏之后，这对孟小冬来说，又是十分了不起的事情。

那时她已经是名震京城的当红坤伶须生，她的实力超群，青出于蓝胜于蓝，嗓子极好，圆润醇厚，唱念都不逊谭富英和余叔岩，是当之无愧的女老生。就算自己已经这么红了，她仍然非常认真地对待每一场戏，尽善尽美地完成。这样明媚优秀的女子，理应配一个潇洒儒雅、一表人才的如意郎君。不敢说梅兰芳是最合适的人选，因为他已有两房妻室，但他确是最配得上孟小冬的男人。

但彼时，还只是匆匆的点头之交。孟小冬刚刚从台上演罢下场，带着一脸油彩妆容，走向后台，那擦肩而过的男子，衣冠楚楚，俊朗秀丽，眉眼深邃，短暂地对视一眼，便情动一生。这一个情劫，孟小冬注定要以飞蛾扑火之姿去经历了。

情窦初开的时候，我们都以为遇见的那个人，就是对的，就是全世界。我们相信缘分，会安排好一切，等着我们去经历。我们不信缘分，却又因为有很多相遇只是镜中花水中月，虚无缥缈，白忙一场。要知道，并不是天下的有情人都能终成眷属，很多缘分，只是烟火，短暂地绽放，便散尽在夜幕里，无影无踪。然而，在我们初见的时候，对未来还有无限憧憬，对爱情还有着怦然心动的感觉和期待。

孟小冬和梅兰芳真正相识，是在一次堂会戏中。

是年8月23日，是北京电灯公司总办冯公度的母亲八十大寿的好日子。冯公度是社会名流，达官贵人，在京城是有头有脸的人物，老母亲大寿，他当然要摆宴席，请宾客，并举行一场盛大的堂会，特邀了京剧界的几位大牌的名伶出演，还请了梨园公会负责人、名青衣王琴浓任戏提调（戏提调，就是在戏曲堂会中专管分派角色、安排节目秩序的人）。大轴已经排定由梅兰芳和余叔岩合演《四郎探母》，姚玉英饰演萧太后，龚云甫饰演佘太君，鲍吉祥饰演杨六郎，姜妙香饰演杨宗保。名角儿集聚，有种群星荟萃的感觉。

但就在堂会开始的前一个星期，饰演杨四郎这个重要角色的名伶余叔岩突然派人通知冯家和王琴浓，说身体抱恙不能出演了。这可急坏了王琴浓，戏就要开演了，主角却不来，临时到哪儿找一个合适的替代人选呢？

不过据说余叔岩那时虽然已患有便血病，但也不至于演不了一个堂会戏，他主要是对包银有意见。《四郎探母》这出戏本应由饰演杨四郎的老生挂头牌，但却因为演铁镜公主的人是梅兰芳，竟由公主挂了头牌，他心有不悦，加上包银方面，他是得八百，而梅兰芳得两千，相差一倍有余，更让他觉得下不了台面，故用生病为借口，想让冯家把包银提高一点。

众说纷纭，无从决定的时候，有人提议王琴浓去找正演于开明戏园的女老生孟小冬。一开始王琴浓不是很赞同，他认为孟小冬当下虽然很红，但还没到那个水平和梅兰芳对戏合演，不过是个初出茅庐的黄毛丫头，怎能代替得了余叔岩呢？万一请她来演砸了他可担待不起。

但事情已经有些骑虎难下了，并且主人家也不反对去邀孟小冬来演，王琴浓只好抱着让她一试的心态，派人去请她来冯家对戏。

就在这样一个机缘巧合的时刻里，孟小冬和梅兰芳相识了。"人生若只如初见，何事秋风悲画扇。等闲变却故人心，却道故人心易变。骊山语罢清宵半，泪雨霖铃终不怨。何如薄幸锦衣郎，比翼连枝当日愿。"如果那时，只是简单对戏，你来我往，然后转身相忘于江湖，不留情，不动心，她继续找个门当户对的郎君结合，他继续走他的戏剧艺术之路，彼此不打扰那安静的岁月，也许就没有那么多伤害和埋怨了。

但又有谁能够扭转这命运早就埋好的情劫，又有谁能逃得过爱情的羁绊呢？那一见钟情，再见倾心，又见已是十指紧扣立下海誓山盟的爱情，并非只存在于戏剧上，它也活生生地存在于这红尘世间。

能和梅兰芳对戏，孟小冬心里自然是高兴和乐意的。第二天即跟随师父，到约定的地方，东四九条35号，那是中国银行总裁冯耿光的府上。冯耿光，人称"冯六爷"，字幼伟，广东番禺人，日本陆军士官学校步兵科第二期毕业生。清末民初，历任北洋陆军第二镇管带、协台，广东武备学堂教习，陆军混成协标统，澧州镇守使。后改任中国银行常务董事。

冯耿光和梅兰芳相识很久了，有人评价他和梅兰芳的关系："冯耿光是最坚实的梅党。为梅兰芳营宅于北芦草园，幼薇性固豪，挥金如土，梅兰芳初起，凡百设施，皆赖以维持。以兰芳贫，资其所用，略无吝惜。兰芳益德之，尝曰：'他人爱我，而我不知，知我者，其冯侯乎！'"

可见两人的交情甚深。这次对戏，就安排在冯府。所有爱情故事的开始，只当是寻常的遇见，孟小冬一开始也没有多想，在冯六爷的引荐下，礼貌地对梅兰芳躬身施礼，并叫了声："梅大爷！"声音清澈悦耳。按理说，当时梅兰芳只不过三十岁左右，叫大爷似乎老了些，而且他可是誉满京城的名旦，有美男子的称号。孟小冬那脱口而出的一句"梅大爷"让在场的宾客、一众"梅党"（指梅兰芳的忠实支持者和挚友们）都纷纷大笑起来。

尤其是民国报界人士张汉举，开玩笑闹他们，闹得孟小冬都不好意思了，不知道该如何称呼梅兰芳。最后冯六爷让小冬称呼梅兰芳为"梅先生"，这么听起来最适合不过了。

出席这次宴会的都是些在社会上多少有些地位的人物，也都是"梅党"的核心人物，如戏剧家齐如山，剧作家李释戡，等等。他们对气质端庄、谦虚有礼的孟小冬都赞不绝口。刚开始师父仇月祥还有些担心，众人的安慰和赞扬，使他们师徒也有了底气。

午宴过后，众人来到大客厅，准备看梅孟两人对戏。因为只是排练，所以没设台子，就在客厅宽敞的地方，周围摆上桌椅，观看的也就冯六爷的妻眷，以及"梅党"的那几位先生。梅兰芳和孟小冬都是身着平常便装出演。

据记载，北京从民国二年（1913年）1月1日起，由京师警察厅通令内外城各戏园，严禁男女同台合演。这一道禁令，直到民国十九年（1930年）农历正月初一日，才经北平市公安局予以废止。因此在20世纪20年代中期，北京各大小戏院里，任何男女还是不能同台合演。

这次演的《四郎探母》中，第一场戏《坐宫》是生旦对儿戏。本由两个男伶或者两个女伶来演，但一般的堂会戏，要求没那么严格，男女对戏也无妨。如果是梅兰芳扮演的铁镜公主配上余叔岩扮演的杨四郎，除去艺术上的天衣无缝，也就没什么新鲜看头了。但这次不同，高大勇猛的丈夫杨四郎由十八岁的绝色坤伶孟小冬来扮演，而温婉贤淑、善解人意的铁镜公主却由而立之年的美男名旦梅兰芳来扮演。阴阳颠倒，令人眼前一亮，心中一惊。

冥冥中是否已经注定了这交错颠倒，让此后的相爱一场，落得最终遗恨愁肠呢？那些珠联璧合、举世无双的赞美，只是短暂的良辰美景，来得快，去得也快。对戏中，内心的情感种子或许已经悄悄开始发芽，只是他们彼时都还浑然不知，只专注于眼前的戏剧上。

孟小冬一袭清素旗袍，脸上并无脂粉，自然秀丽，额前的齐刘海下一双灵动有神的明目，一出场，便博得满堂彩。孙老元仍旧神采奕奕，操琴助力小冬，琴音刚亮。孟小冬开口而唱，嗓音高亢清润，中气十足，依然没有一丝雌音，令在座诸位连连惊叹，这须生皇，果然名副其实、实力超群啊！

她总是能让看戏的人为之惊呼，为之喝彩。无论是十二岁时无锡挑帘，抑或是在大舞台一展所学，还是如今在堂会与前辈对戏，都没有半点含糊和差错。她似乎就是为了京戏而生，为了这些经久不衰、代代相传的故事而演绎。

虽然她只有十八岁，但已经唱了很久的戏，有丰富的舞台经验，而且《四郎探母》这出戏她常常唱，熟悉得能够倒背如流。当她唱完那句"要相逢除非是梦里团圆"后，在椅子上坐定，铁镜公主缓缓上场了。

梅兰芳只着一身纯白衬衫，紫红领带系在胸前，秀气的手指随着唱词而执起手帕望向静坐一旁的杨四郎。如果是在舞台表演的，坐在椅子上的驸马应该是穿着行头，戴着髯口，演员是男是女也没有特别的感觉，因为看不出来。但此时的端坐在椅子上的驸马，却是如花似玉、眉清目秀并且年轻貌美的孟小冬。梅兰芳这传情的一望，马上引起在一旁的观众们一阵哄笑，他们自然是看得津津有味。

梅孟两人演得十分投入，后来唱到"快板"时，你追我逐，小冬在梅大师面前毫不示弱，尺寸极快，调门也高。反而让梅兰芳觉得吃力，因为调门高尺寸不适宜这段戏，于是喊了暂停。梅兰芳对小冬说："孟小姐，请稍慢些，我们现在的情形，乃是小夫妻的家常谈心，又没有发生争吵，所以对唱的尺寸似不宜太快！更不宜抢板唱，你看如何？"

孟小冬的实力绝对配得上梅兰芳，并且绰绰有余。梅兰芳对待戏剧的态度是十分认真的，他认为不妥的地方，便暂停，用商量的语气提点后辈，并没有大师的那种高高在上的感觉。

孟小冬当然也是通情达理的人，她连忙致歉，因为自己太过投入，而旁若无人地自己掌握尺寸，让梅兰芳感到了一丝困扰，她听从大师的指导，两人继续对戏。台下的有心人，似乎看出了点什么，用玩笑话想要撮合他们。

据说当时冯六爷是不赞同的，认为众人在瞎胡闹，好好地看戏便成,.大家都是至亲好友，也不便说什么，找个别的话题引开了。

炎炎盛夏，骄阳似火，在小冬的十八岁那年，记忆留下炽热的痕迹。那是她最不凡的一年，那是她的青春里最鲜艳的旗帜，没有张扬地喧嚣，只是静静地飘扬在风吹起的每个午后。如果无法躲避这一命定的情劫，那么就轰轰烈烈地朝前走，也许会后悔，也许会支离破碎，也许会遍体鳞伤。爱情的疼痛会让她成长为更加优秀的人，会让她的心从此变得坚韧强大。成长，少不了要经历这些爱恨情仇，浮华俗世的起伏。生生世世，谁都一样，不可躲避。

这次对戏之后，梅孟二人又相约在一起排练了三四次，到了冯公度举办堂会的那天，两人已经默契十足，配合得天衣无缝，人人称赞其珠联璧合、旗鼓相当。这次堂会演出完满落幕。据说这次堂会之后，每当接到演《四郎探母》的堂会戏，梅兰芳都去邀孟小冬配戏合演，两人你来我往，情愫渐长。

叁 动情

红尘世间，芸芸众生，难逃一个"情"字。我们总以为能够把握爱情这面帆船，驶向理想的幸福中去。我们总以为，自己的爱很伟大，能够感天动地。我们甚至以为，只有轰轰烈烈、义无反顾地闯入高山火海，才是爱情。不错，那确实是令人动容泪下的爱情。但是人生不会按照我们心中所想的轨迹去走。爱与恨，也只在一念之间。

那时孟小冬还是安然美好，静待庭前花开。那时的梅兰芳，还是风度翩翩，被众人簇拥而来。缘分的模样还有些朦朦胧胧，让人猜不透、看不清。光阴似箭，穿过那草长莺飞的琉璃芳华。倘若能一生只是惺惺相惜，或是成为挚友搭档，不动凡心，不念情丝，也许，彼此都是对方一生中最美好的遇见、最无憾的相知。然而，没有相爱。

可是，爱情从来都是难以自控的。就算你不管不顾，它还是会来，还是会入侵你的年年岁岁等闲愁。

有了第一次的合作《四郎探母》，就有了以后的频繁接触。孟小冬和梅兰芳终是没能逃出宿命的姻缘。

民国时期，堂会在一些高官达人、军阀将领之间盛行，渐渐地蔓延到只要是家道不错，以父母大寿庆生为由，皆会举办堂会，邀来一些名伶须生出演，招待宾客同乐。据说这个风气是由大名鼎鼎的梁启超开头的。他和梅兰芳的一个朋友很熟，在他父亲大寿的时候，托朋友去邀梅兰芳来演戏。据载，那次堂会花了梁启超四百多元，在当时来说，是一笔大数目，就连袁世凯都感叹梁启超的大手笔。

自那以后，很多官员或者富商纷纷效仿。那时演堂会戏的收入比在戏园唱戏得来的酬劳要多得多，很多人为了争面子，而出手阔绰，颇有互相显摆的意味，这当中受益的是当下发红发紫的名伶角儿。

一起合演过的孟小冬和梅兰芳在这种堂会越来越多的情况下，他们接触的机会也就更加频繁了。

民国十五年（1926年）初夏，斜阳里蝴蝶飞过院落里那一树的花开，微风吹散天边游弋的薄云。孟小冬和梅兰芳同时受邀演于王克敏的五十大寿寿宴上。

王克敏，字叔鲁，中国近代的政治人物。1937年日本扶植的傀儡政权"中华民国临时政府"的首脑之一。生于广东，早年中过举人，担任过巡抚，被派往日本担任驻日公使馆参赞。回国后无心从政，因为人脉极广，摇身一变成为金融界的知名人物。1917年担任中国银行总裁，还出任过财政总长，后为北洋政府的大官僚。抗日战争爆发后，他投靠日伪，成为卖国汉奸，后来日本投降，他被送进监狱，并在监狱里服毒自杀，一生就此草草终了。

而彼时王克敏还不是汉奸，只是戏迷和赌徒，因为有钱有势，而肆意挥霍。他的生日，当然也少不了举办堂会。

正当在大家商量着演什么戏目时，张汉举，那个最爱开玩笑、最喜管闲事的报界人士提议，让孟小冬和梅兰芳演《游龙戏凤》（又名《梅龙镇》）。这出戏本来就是爱情戏，而且堂会中也多以男女合演，并且是男伶扮演正德皇帝，而女伶扮演李凤姐。但张汉举却有提议，让孟小冬来演正德皇帝，而梅兰芳演李凤姐。他在众人的赞同声中笑得意味深长。

不知他无心还是有意，这么随口的一说，就使这对须生之皇和旦角之王落入一段错爱尘缘之中，竟演变成一出真正的游龙戏凤的爱情故事。他的提议受到了其他宾客和"梅党"的附和，在这种喜乐融融的场面中，大家都乐意促成所谓的好事。殊不知，那无心之举，改变了两个人的命运。常道是人生如戏，而这出戏，偏偏应了他们的人生。

孟小冬和梅兰芳在众人的盛情之下，也没有推却，欣然答应，起身去后台换装，准备登场。

《游龙戏凤》的故事出自于《正德游龙宝卷》，讲的是明朝正德年间，武宗皇帝朱厚照治国有方，为了掌握国情，喜欢到民间私访。

一日明德皇帝改装出游，来到大同城梅龙镇，住在李龙开的酒楼，名曰久盛楼（在山西大同仿古街，李凤姐死后，皇帝赐名为凤临阁）。入夜后，李龙在外守夜，吩咐凤姐照看客店，朱厚照被凤姐闭月羞花的美貌所倾倒，他故意呼酒唤菜调戏她，凤姐开始不即不离地对付，而朱厚照更加神魂颠倒。最终皇帝表露了自己真龙天子的身份及对凤姐的渴慕之情，二人成就了好事。凤姐求封，正德皇帝封她为"嬉耍官妃"。

这是一出生旦对儿戏，唱做并重。对梅兰芳来说并无难度，此前他常和余叔岩在各种堂会演出过，可谓信手拈来。但对孟小冬来说，却是未知数。虽然这出戏师父之前也教过，但她从没表演过。这次实在是突击检查般，仇月祥对孟小冬的自信有些忐忑不安。没演过的戏，她居然有不知哪儿来的把握和梅兰芳"台上见"。

不过仇月祥也知道，小冬不会演差的，他看着她一路走来，实力有多少斤两，应对这种突发情况，只要按照一定的戏路，老师所教的台词一句不改地唱念，一板一眼，规规矩矩，是没有问题的。

话虽如此，但孟小冬和梅兰芳并未排练过此戏，而戏中又有很多地方特别考究演员的身段动作，加上比之前演的《坐宫》有更加多的唱念，更多打情骂俏的场面，没有一定功底，怕是难演好。

在戏里这般打打搔搔，互相调戏，一男一女的两个演员，难免会心生微妙的情感。这假戏情真，戏里戏外，投入时也许就连他们也难以分辨真假了。

这天是师父仇月祥亲自替小冬化妆的。孟小冬带着完好的妆容扮相出场，令人眼前一亮，那个如花似玉的窈窕淑女此时全然变身为潇洒倜傥的正德皇帝。风度翩翩、儒雅温文的梅兰芳则成了那个美得颠倒众生的李凤姐。两个人按照剧本认认真真地演，虽然不是在戏园的舞台上，却也毫不怠慢，一点都不马虎。什么复杂的身段动作，繁多的唱词，一举一动皆流畅自如，轻松消化，演绎得非常传神，令在场观众看得津津有味，兴高采烈，不断拍手称好。

这比《坐宫》时演得更加让人动情。正是妙龄少女的孟小冬在戏里调戏梅兰芳扮演的烂漫少女，这颠鸾倒凤，实在有意思极了。在场的"梅党"人士也许希望孟梅之间能够假戏真做，那倒不失为梨园戏剧界一桩美事。

但他们何曾知道，这人人称好的美事，到头来不过成了两个人一生中的憾事。如果没有开始，就不会在结束时伤得那么重。或许后来的孟小冬，会恍然明白《十诫》中的那几句箴言，第一最好不相见，如此便可不相恋。第二最好不相知，如此便可不相思。她就不会再多看梅兰芳一眼，又或者，在爱情来临之前，潇潇洒洒、干干脆脆地转身离开。

不过此时的孟小冬已对梅兰芳动情至深，对视中那微妙的感情在彼此心间氤氲而开。当爱情来临的时候，我们以为那会是天长地久的相守，我们以为执子之手，就能与之偕老。我们对爱情充满了美好的幻想，祈祷着愿得一人心，白首不相离。我们却不知道，那错乱的缘分，最终会走向万劫不复的悬崖深渊。

爱情不总是美好的，我们明明知道，也许会不尽人意，也许会千疮百孔，也许会惆怅望思，也许会受到难以抚平的伤害，却还是愿意去爱上一个人。可能这世上有很多事情由不得我们去控制，我们也无法去控制，爱情就是这么一件让人难以自控的事情。

爱情总是有很多美好烂漫的时刻，有人认为爱情更多时候像一个童话故事，永远若即若离，永远难于把握。

但没有爱情，生命又是不完整的。

也有人认为，爱情是一场华丽的冒险，在这个旅程之中，我们会遇见湛蓝的星辰，也会遇见可怕的海啸。爱一个人，付出多少真心才能让对方知悉。不到最后鲜血淋漓，也不会食髓知味。命中有你，冷暖自知。能做的，唯有不悔。

然而，又有多少人体味过爱情的滋味后，可以做到真正的无怨无悔呢？

　　我们相信缘分，是因为不知道爱情会在什么时候降临，不知道会遇到什么样的人，经历什么样的爱恨情仇。我们唯有虔诚地祈祷，那个等在未来的另一半，会待我们如生命般重要。缘起缘灭，也不过是一世的轮回。我们许下来生再续的诺言，是害怕会失去对方，但我们却忘了要珍惜眼前人。

　　美丽的爱情总是让人乱花渐欲迷人眼，情到浓时的铿锵约誓，只有那身后的一地落花记得。错爱的年华，憔悴了伊人的容颜，埋葬了岁月的一片斑斓。而此时的你，浑然不知，只愿为那郎君，盛开一身的芳华。

肆 连理

对孟小冬来说，梅兰芳是她的初恋，而对梅兰芳来说，那已经是他第三个为之动情的女子了。爱情从来就是不公平的，奈何爱上一个人也是不需要任何理由的。

梅兰芳生命中第一个爱的女子，出现在他十六岁那年。王明华，也是出身京剧世家，和梅兰芳门当户对。她年长梅两岁，嫁进梅家时，正和刚刚遇见梅兰芳的孟小冬那样青春年华。两人成亲时，都还是孩子，对爱情和婚姻生活充满着好奇和惊喜，新婚燕尔的甜蜜足够融化两颗稚嫩的心。

梅兰芳和王明华的感情很深，王明华是个贤惠的妻子，心灵手巧，秀外慧中，持家有道，生活上照顾梅兰芳也十分尽心和无微不至。据记载，梅兰芳上妆需要戴的假发很多都是王明华在家里梳好后装好由梅兰芳带去后台的。她还经常为梅兰芳改进化妆和发型以及服装，在事业上确实帮助到梅兰芳。而梅兰芳也十分敬重她、信任她，家里的大小事务一律由她掌管。两人相濡以沫，婚姻生活非常美满。

他们婚后的第二年，便迎来了第一个孩子，是个男孩，取名为大永。

喜得男丁的梅兰芳第一次尝到做父亲的滋味，幸福难以言表。第三年，王明华又为他生了一个女儿，乳名五十。这一双礼物般的孩子，正凑成一个"好"字。梅兰芳此时的人生算是非常完满了。事业蒸蒸日上，家庭和睦，夫妻恩爱，一双儿女精灵可爱。幸福完全包围着他。

然而人生无常，你永远猜不透上天的心思。它轻轻地挥一挥衣袖，你的生活就翻云覆雨，沉溺于不幸的旋涡之中，任你如何挣扎，最后都逃不出溺水而亡的宿命。

据说王明华为了方便照顾梅兰芳，诞下一对儿女之后，就做了绝育手术，从此不可能再造生命。但不曾料到在几年后，这对可爱的孩子竟双双夭折。上天无情地夺走赐给他们的礼物，留下一生一世无法抚平的伤痛。失子之痛对这对夫妻来说，犹如晴天霹雳。王明华从那之后就一蹶不振，夜不能眠，茶饭不思，身子自然是熬不住这伤痛的摧残，最终垮掉了。梅兰芳能做的，只是不离不弃地陪伴。两人相守相持，继续朝前走。

梅兰芳从小就被过继给大伯家，兼祧两房，不仅要为自己父母家传递香火，也要为大伯家继后。而王明华的一双儿女夭折后，她也不能再生育了，但梅家不能无后，梅兰芳自然要另娶妻室传递香火。

在他二十六岁那年，他在一场堂会上遇见了第二任妻子，福芝芳。那时，福芝芳才十五岁。堂会上有人戏言，梅福两人才貌相当，可以匹配。也许就是因了这句无心的言语，使梅兰芳多看了福芝芳几眼，心中暗生情愫。后来便托师父吴菱仙前去府上说媒。

福芝芳生于北京宣武门外一户满族旗人家庭，从小不爱出门，以小花猫为伴，稍长与邻里姑娘一起嬉耍。她从小学唱曲艺，平时以唱八角鼓为生，生活艰辛，不为人所看重。后来拜吴菱仙为老师，学唱京剧。她和母亲相依为命，母亲每日陪伴女儿上戏馆演出，为了安全方便，本来就身高马大的母亲就此改着男装，当时在南城戏剧圈子里人称"福二爷"。

当时坤角登台演出在社会上还是十分新鲜的事情，偶有不良的纨绔子弟来骚扰，母亲总是提心吊胆，正想有合适的人家就把女儿嫁出去。刚好吴菱仙来说媒。可是母亲不同意女儿为人妾，虽然她们家境贫寒，但也是正经人家，不是那些卖女求荣的无良家庭。后来了解到梅兰芳虽然已有家室，但妻子王明华已不能生育，便同意让福芝芳嫁进梅家。她不要定金和聘礼，但只有两个条件：一是梅兰芳要按兼桃两房的规矩迎娶福芝芳，要与王明华同等名分；二是因她只有福芝芳这一个女儿，必须让她跟着女儿到梅家生活，老了要为她送终。当时梅家都同意她们的条件。1921年冬天，梅兰芳迎娶了福芝芳。

与梅兰芳结婚后，福芝芳自然退出了戏剧界，在家为丈夫操持家务，生儿育女。王明华虽然同意让福芝芳进门，但又有哪个女人愿意和别人分享自己的丈夫呢？但尽管无奈，面对既定的事实，也只能忍受一切不想忍受的。在世人看来，王明华和福芝芳相处并没有想象中恶劣，甚至和乐融洽，并以姐妹相称。

婚后的第二年，福芝芳为梅家诞下第一个孩子，并遵从母亲的指点，把这个孩子抱到王明华屋里，算作她的孩子，在王的屋里住了一个月。满月的时候，王明华把亲手缝制的一顶帽子给孩子戴上，并让奶妈把他抱回福芝芳屋中。她感谢福芝芳让子的深情厚谊，向她道谢，解释说自己身体不好，希望她能照顾好梅家的这个孩子。福芝芳对此非常感动，两人感情更加融洽了。

梅兰芳和福芝芳的感情非常恩爱，婚后十四年中，福芝芳先后为梅兰芳生了九个孩子，不过只有四个长大成人。她性情文静、为人厚道、不多言语，十几年来专一照应着梅兰芳，从平时演出到日常生活，巨细无遗，处处操心。

王明华丧子之后，身体越来越衰弱，后来还染上了肺结核病，久治不愈。王明华担心自己的病会传染给一家大小，更担心传染给梅兰芳，影响了他的演艺事业，便决意离开梅家，到天津马大夫医院治疗。

此时，梅兰芳的身边就只有福芝芳陪伴了。在外人看来，福芝芳的性情也许并非那么文静贤淑，她虽操持着整个家，但她也把持了梅兰芳的感情生活。她爱梅兰芳，她当然是希望他是幸福的，但同时她也是一个女人，深知与人分享丈夫的滋味。虽然王明华已不在京，虽然她是平妻，与王明华名分相当，但说到底，她终不是他生命中第一个明媒正娶的结发妻子。

红尘中多少女子一生为了名分而尝尽这世间的甘苦。最终还是逃不过那情爱难料的宿命。而比她更不幸的，是涉世未深、只为眼前爱情所迷乱的孟小冬。

在我看来，孟小冬能够嫁给梅兰芳，最主要的还是梅党成员们的积极撮合。民国时期因为旧社会的各种封建制约，婚姻大事还是以父母之命、媒妁之言为主。不过也有打破传统敢于追求真爱的人，比如陆小曼，那时她和徐志摩的结合就是一件轰动各界的新鲜事。而小冬倾心于梅兰芳，两人情投意合，外人看出来便极力想促成这段风流韵事、人间佳话。

梅党中的骨干成员齐如山和李释戡在看孟梅二人对演《游龙戏凤》的时候，都对冯耿光提出要撮合他们二人的事儿，请他冯六爷做个媒。据说他们之所以那么卖力想要促成这桩婚事，是因为不满福芝芳，他们认为王明华是被福芝芳逼走的，而且福芝芳管梅兰芳管得严，对他们这些朋友态度不是很友好，如果孟小冬嫁进梅家，就能分薄一些梅兰芳对她的感情，挫挫她的锐气。

其实福芝芳所做的一切都不过是为了丈夫好，她希望他能专心唱戏，在京剧艺术上有所成就，才会替他承担起整个家。作为女人，她也是不容易的。但是一千个人有一千种想法，站在不同的位置和扮演不同角色的人，考虑的自然又是另一番景象。

梅党的主要成员中有银行家、知名文人、画家，等等，他们替梅兰芳做了很多事情，对梅兰芳以及梅派戏剧艺术有着举足轻重的作用，既帮助了他的事业和生活，同时在某些方面又牵制着他。就好像冯六爷，他非常欣赏梅兰芳，支持他，对他不离不弃，用自己的能力去帮助他。梅兰芳不善理财，冯六爷就替他料理财政上的事情，但福芝芳却对冯六爷的做法颇有怨言。她跟丈夫抱怨，却得不到认同，只好把怨气发泄在梅党身上，如此一来，梅兰芳的这些挚友自然不喜欢福芝芳了。

此时，正好出现了一个绝色名伶、当红女老生孟小冬，和梅兰芳暗生情谊，两人如果能够结为伉俪，成就一段美好良缘，在戏剧界一定能够更加大红大紫，对梅兰芳的事业来说有着促进的作用。冯六爷看到大家对孟梅的事这么热心，思量过后，就答应帮他们做媒，并委托齐如山和李释戡去征求孟小冬和梅兰芳的意愿。

不可否认，梅党是处处真心为梅兰芳着想，但到头来却苦了对爱情和婚姻充满美好憧憬和期待的孟小冬。

蒹葭苍苍，白露为霜。那梦中的郎情妾意，仿佛就在手边唾手可得。曾经以为爱情很远，幸福茫茫，且走且看，在繁花盛开的流年里，猝不及防地遇上温文儒雅的郎君，那眉目间流转的星辰，点亮了一颗少女寂寞的心。她也是寻常的女子，渴求美好、浪漫的爱情，渴求可以依靠的稳实臂膀。她就这么安静地一直等待，等待一个能够牵动她所有情绪的男子。她从前没有想过，那个人就是梅兰芳。她还不知道那是一段错爱的缘。

梅兰芳听到知交挚友们要为他操办和孟小冬的婚事，他并不反对，而且非常乐意。孟小冬是个多么优秀的女孩子，早在几次的对戏中就已调拨了他的心思。窈窕淑女，君子好逑。他爱孟小冬的倾国之姿，爱她在戏里的光彩照人，爱她的一切。

齐如山和李释戡知道梅兰芳的心意后，便上孟家去说媒。

孟小冬虽已大概猜到他们来的目的，还是无法压抑心中荡起的阵阵涟漪。成亲这种大事，尽管自己心有所属，却还是得征求父母的意见。

孟五爷和张氏一开始并不同意让小冬嫁进梅家，梅兰芳已有两房妻室，小冬进门就等于要去做妾，委身人下，虽然小冬从小就出来唱戏，不似那些待在闺阁待嫁的黄花大闺女，但也是正正经经的女孩，他们怎舍得让小冬受这种委屈呢？天下父母都是一样的，为了子女的幸福而操心。他们当然也知道，在梨园界里，有很多女伶因为美貌而被军阀高官或是富商子弟看中后强娶了回家，又或者是有些为了荣华富贵和半生归宿，主动对他们投怀送抱，就算只做小妾或者没有名分也甘愿委身。但小冬不是那样的孩子。

梅兰芳自身条件当然是不错的，甚至非常优越，完全配得上孟小冬，但对于名分，父母和小冬都非常在意。

身负重任来提亲的齐如山当然是有备而来的。他告诉孟五爷，梅兰芳的正室夫人王明华常年在天津养病，梅家就剩福芝芳一个平妻。而梅兰芳从小过继给大伯家，兼祧两房，孟小冬嫁过去之后，是算大伯家的媳妇儿，也是正室，地位和王明华、福芝芳是同等的，绝不会委屈了孟小冬。

齐如山晓之以理，动之以情，小冬的父母最终被说动了，同意了这门婚事。

但当时孟小冬和师父仇月祥还有契约未满，如果她要嫁人，理应也得征求师父的意见。没想到仇月祥对这门人人赞好的婚事却持反对的态度。有人说，孟小冬嫁人了，就不能再登台唱戏，而仇月祥就等于失去了这棵摇钱树，所以他当然反对。这么说来，仇月祥倒成了个只为眼前利益而不顾他人幸福的自私鬼了。但事实证明，人心并非我们想象的那么肮脏、险恶，至少，仇月祥不是那样的人，他是个正直的老先生。

回想从前的种种，若没有仇月祥的悉心浇灌，小冬何以长成如今在众多老生中独树一帜的那朵盛放的花儿。他花了这么多精力和心思去栽培孟小冬，手把手地把她训练成如今红透全国的坤伶须生。虽然他很严厉，虽然一路走来他一直把小冬的演艺生活排得满满的，压得她几乎喘不过气来，但他所做的这些，最终是让孟小冬成为中国第一女老生。在孟小冬的演艺事业上，仇月祥是功不可没的。

也许他反对这门婚事，多少有点个人利益的原因的，但最主要的是现在小冬正是大红的时候，前途一片光明，只要继续唱戏，一定能登上事业的另一个巅峰。他知道，女伶一旦嫁人，就不可能还天天登台唱戏。而戏曲这门技艺，唱得多了自然会越来越进步，但几日不唱，几年不碰，生疏了就等于荒废了。孟小冬是块天生唱戏的料子，这么好的条件和才华，如果因为早早接触婚姻而浪费，多可惜啊。

孟小冬知道师父不同意，心里十分难过，她一直以来都对这个栽培她的、犹如恩人般的姨父十分敬重，从不忤逆他的教导。如今她就要嫁为人妻，寻找到属于自己的幸福，并昂首阔步地奔赴那如梦如幻、花开遍野的彼岸时，全世界的人都在祝福她，唯独培养了自己这么多年的师父反对，她难过，不甘心，和师父理论，并信誓旦旦地撂下一句"谁说我结婚以后就不唱了"的狂言壮语。

小冬从来都不顶撞他的，如今却为了一个还没娶她进门的外人而这么对待他，他不再多说什么，只是劝她好自为之，不要被男人骗了，然后收下孟五爷给的补偿金，带着小冬的胞妹孟幼冬回到上海。师徒多年的情分就这么断绝了。据说后来小冬回上海，听别人说师父如何落魄，她都没有去探望一眼。

并不是无情，也并不是真的就这么恨，或许是后悔当初没有听师父的话，应了他的预言，在短暂的婚姻里败得一塌糊涂，被心爱的男子伤得体无完肤，却又倔强地不肯在人前揭开那血淋淋的伤疤，承认自己的脆弱。

人生有时候就像一场豪赌，赌注是时间，是生活，是婚姻，是种种我们手中所拥有的，我们拿着这些去换取全心全意的爱情，去换取光芒万丈的成功，去换取梦寐以求的幸福，去换取一切自己想要得到的。然而，并不是每个人都能赌赢，运气差一点的，落得满盘皆输的下场，输了一切，输了人生。

尽管如此，我们还是愿意去赌一赌，虽然前途茫茫，心惊胆战，但为了这一生不枉此行，兴许还能赢得小小的幸福。

此时的孟小冬似乎看到了未来的光，照耀了前方渐渐灯火通明的路。她才十八岁，爱情对她来说那么美好、那么真切，婚姻对她来说，也充满着神秘感。她正在朝幸福而去，却不知道，这一步一步的欢欣雀跃，会走着走着，就走向万劫不复。

伍　息影

有人说，女人一生中最成功的事情之一，就是选了一个对的男人。炊烟起了，我在门口等你。夕阳下了，我在山边等你。叶子黄了，我在树下等你。月儿弯了，我在十五等你。细雨来了，我在伞下等你。流水冻了，我在河畔等你。生命累了，我在天堂等你。我们老了，我在来生等你。

这确实是很多女人渴望的平平凡凡的生活，生生世世、不离不弃的互相厮守。而很多女人也幸运地成为这样的人，拥有这样的幸福。比如福芝芳，她虽然是梅兰芳的二房妻子，但做丈夫的一生都十分敬重她，爱惜她。虽然他会喜欢上别人，但他这一生都没离开过福芝芳。

又比如王明华，虽然她残生已定，孤零零地在天津养病，但说到底她还是梅家的大奶奶，这地位是任谁也无法撼动的，就算将来死了，墓碑上也会刻着这个庄重的名分。梅兰芳对她的感情也是很深的。他要娶孟小冬，自然想到要把这个决定告诉她。

孟小冬是个聪明懂事的女孩，在齐如山来说媒的时候就主动提过要去天津看望这位梅家大奶奶。在情在理，他们的婚事是应该让她知道并且最好得到她的同意。据说当初福芝芳嫁进梅家，也是先得到她的同意才行事。

1926年深秋，梅兰芳和孟小冬坐车前往天津，同去的还有齐如山和李释戡两个挚友。他们来到王明华疗养的医院，梅兰芳把孟小冬介绍给她认识。王明华没有表现出反感之意，倒是很喜欢这个漂亮又有灵气的姑娘，还不断夸赞她戏唱得好，又说起自己的那病快快的身体以及福芝芳，她表示不放心把梅家交给福芝芳一人打理。

齐如山知道王明华一向是不大喜欢福芝芳的，便借机把孟小冬和梅兰芳情谊相合的事情说出来，没想到王明华非常赞同这门婚事，马上脱下手中的祖传戒指交给了孟小冬。孟小冬受宠若惊，对王明华的成全非常感激。

王明华一生还挺悲凉的，经历丧子之痛已经是非常沉重的打击，病魔的纠缠让她对人生已然没有什么盼望了，成全了自己的夫君和福芝芳的婚姻，现在又来成全他和孟小冬的又一段缠绵爱情。她成全了那么多人，又有谁愿意来成全她这孤零、悲凉的残生呢？

后来世人都啧啧称奇，孟小冬和梅兰芳的这桩婚事，媒人不是别人，竟然是梅的原配夫人梅大奶奶。是惊叹她的宽宏大量，知情达理，还是可怜她的无奈苦命，就只有那秋风里孤败、零落的黄叶知道了。

征得王明华的同意和支持后，孟小冬和梅兰芳的结合已经尘埃落定了。只是还有一个人，梅兰芳没有去告诉她，他选择先瞒着福芝芳，把婚事办了，再慢慢地去抚平往后的事。据说梅兰芳的性格是比较绵软和慢热的，他不喜欢繁杂，很多事情能免则免。

孟小冬知道，福芝芳非常强势，她不愿意梅兰芳难做。他们决定遵照梅党的建议，来个先斩后奏，紧锣密鼓地筹备，吉日选在民国十六年（1927年）农历正月二十四。新房设在东城东四九条35号——冯公馆。

婚礼非常低调，没有大红花轿，没有吹笛打锣，更没有长长的迎亲队伍，只邀请梅党里主要的成员和至亲好友，在冯六爷的府上摆上简单的宴席，在这理应喜庆的日子里，其乐融融地祝福一对新人，见证这梨园界举世无双的璧人结为夫妻。

这场简简单单、一点都不正式的婚礼，是孟小冬此生此世都无法忘记的。那一晚，她不是台上英气风发的须生皇，她不用戴上髯口画上油彩妆，而是穿着红色旗袍，身段玲珑，朱唇粉腮，面若桃花的新娘子。她在一生最美丽的时刻，款款地向梅兰芳走去，走到他面前，含情脉脉地与他互相凝视。她的幸福在他眼底化成无数的蝴蝶，飞向未知的远方。

证婚人冯六爷致上祝词，好友们纷纷送上诚挚的祝福。然后他们拜了天地，喝了交杯酒。众人哄闹拥簇将他们送入洞房。

没有红头盖的孟小冬端坐在床边，微笑看着梅兰芳，那一对龙凤花烛影影绰绰映着她绯红的脸庞，以及墙壁上的喜字。她终于等到那个梦中的郎君，走到自己前面，对自己许下海誓山盟的诺言。

天成佳偶是知音，共苦同甘不变心，花烛洞房亲结吻，春宵一刻胜千金。虽然不知道未来是否能够共苦同甘不变心，但此刻确实是人生中最幸福的良辰美景。孟小冬永远都会记得这个浪漫美好的夜晚，那些盈盈的烛光，那一床暖暖的鸳鸯红帐，那些温柔的情话，使她的整个青春变得完整。

那些残酷的后来，被伤透的真心，以及铺天盖地将她淹没的流言蜚语，此刻都按兵不动地等在岁月的前方。

对孟小冬来说，那是个重要的夜晚，而对于一无所知的福芝芳来说，那只不过是个寻常又清冷的秋夜，门前不再开花的树，落了一地的枯叶。她一如既往地看守着整个家，照顾着孩子们，等待梅兰芳从戏园回来，然后吩咐佣人，为劳作而归的丈夫准备一碗清甜可口的糖水，温润那唱了一晚戏的喉咙。她一定认为，自己才是那个最幸福的女人，时光静静地流淌，岁月安然，一切都是自己心目中幻想的模样。

或许有时候我们什么都不知道，那些会让我们悲伤、愤懑、心碎和怨恨的种种事情，都只在身后，看不见，听不到，依然过着我们所看到的美满生活，那该多好。

有人认为孟小冬是害怕福芝芳的，所以同意和梅兰芳以及一众梅党一起瞒着她。我认为，孟小冬并不害怕福芝芳，而是敬畏。如果她害怕，就不会和梅兰芳暗结连理了，就不会冒这结婚后不能再唱戏的险了。孟小冬为了和梅兰芳在一起，付出和牺牲的一点都不少。梅兰芳这么低调简单地和小冬在友人的公馆里拜过堂，喝了交杯酒，洞房花烛，就算作是结为伉俪了，有些潦草的感觉，而孟五爷和孟夫人也没反对这样的做法。或许他们也不想小冬这么偷偷摸摸地成了别人的妻室，他们只能无奈地成全女儿的幸福。

踏入婚姻的孟小冬犹如进入一个崭新的世界。新婚燕尔，生活甜腻得像蜜糖一样。在冯公馆的时光，像被涂抹上一层金粉一样闪烁着光。从舞台上阴阳颠倒的假夫妻，到如今真的结为伉俪，成为梨园界令人艳羡的一对璧人。但这段千古韵事，终是没能逃过命运的摧残。

孟小冬很快便耐不住那高墙深院的时光，自从和梅兰芳结婚后，她就不能出去唱戏了，梅兰芳不愿让她继续抛头露面。其实梅兰芳也没有做错，当时很多戏剧女演员都是那样，一旦嫁人，就不能再继续登台唱戏了，要留在家中相夫教子，那时封建思想固守的观念，几乎没有哪个女演员能例外的。

　　孟小冬想起师父说过的话，她感到一阵忧伤，当初师父的苦口婆心，她只当是耳边风，如今真的应验了。梅兰芳依旧每天外出演戏，各种堂会邀约不断，依然为这京剧艺术而奉献自己的能量，而孟小冬终日困在冯公馆，无所事事，虽然每日都有挚友来聚会，灯红酒绿，在冯公馆里生活也是衣食无忧，但她却渐渐厌倦了。她天生就是个戏子，如今戏没得唱了，就像生命缺少了很重要的东西似的。如果换作是别的女子，也许会对这样的日子求之不得。

　　但孟小冬不是这样的女子。她是属于京剧舞台的，她也十分热爱唱戏，戏剧是她的梦想，是她的事业，是她一生所追求的艺术之路。她感到十分压抑，终于忍不住告诉梅兰芳她想重返舞台的想法。不料梅兰芳却感到非常为难。她最终还是为了顾及他的面子和忧虑，为了这段感情，只能暂时息影了。

　　在寻找幸福的路上，我们总是为了眼前一时的欢爱而丢弃了很多东西，比如事业，比如兴趣，比如机遇。毋庸置疑，想要得到幸福，作出一些牺牲是必要的，也有很多的牺牲是值得的，它会让你得到别人感受不到的幸福，它会让你收获意料之外的惊喜。但是别忘了，命运像个淘气的小孩，它的变脸比翻书还快。有些牺牲，只会让你到头来一无所有。

　　我们无法预测所要牺牲的东西是否能换来想要的一切，但在面对残酷的现实时，我们也绝对不能畏缩和逃避，那只会让人生变得糟糕和落魄。我们应该站起来和它面对面地挑战，不要害怕失败和受伤，一切的磨难都会让我成长，成长为更加强大的人。

就像后来的孟小冬，终于成为坚韧的女子。

但此时的她，还在为了那烦闷的生活感到寂寞和无趣，她开始觉得婚姻生活并没有想象中那么美好，风花雪月也只是短暂的光景。

有人说，婚姻中的两个人，就像是行走在沙漠里的一对旅客。开始的时候感受着脚下的绵绵细沙，背着满满一壶的幸福，激情澎湃地去实现自己的梦想。慢慢地，时间长了，走得也远了，当初的激情已经被沙漠的险恶所磨灭，取而代之的是身心的疲惫。再次举目，沙漠的尽头还很遥远，回去的道路又不见了踪影，猛然间才醒悟，原来梦想不一定都是美好的。

孟小冬的婚姻之路才刚刚开始，正处在激情澎湃的时期。虽然高墙深院的日子寂寞无聊，但想想和梅兰芳之间的爱情，时光便会温柔如水，淌过心间。她以为沙漠的尽头会有一大片绿洲在等着她。

孟小冬和梅兰芳结婚的事，外界的人一律不知。所以当孟小冬突然从舞台上消失，很多喜爱她的戏迷都感到很意外。一些戏园的老板想要邀请小冬唱戏，便四处打听她的下落。各种传言开始蔓延，众说纷纭。据说有人放出消息，已经找到孟小冬"藏"在哪儿了，就在冯公馆。

孟小冬被梅兰芳金屋藏娇的消息不胫而走，纸终是包不住火的。为了安全考虑，梅兰芳和冯六爷商量之后，决定秘密乔迁，把两个人的小窝搬到别处。冯六爷帮他们找了一处更加隐蔽和幽静的住宅，据说在长安大戏院附近的一条幽深小巷子里，离冯公馆很近，便于走动和照应。在这幽深小巷里藏有一座大宅子，四周是静静的砖瓦高墙，圈住了一方属于孟小冬和梅兰芳的世界。

据说为了让小冬感到不那么寂寞和孤单，冯六爷让他的小姨子去给她作伴，一位老妈子洗衣做饭，一个男佣人看家护院。虽然如此，早早过上深居简出的生活，对年轻的小冬来说，未免有些可惜，那漫漫缱绻的时光要如何打发？

细心的梅兰芳特地为她购置了留声机，还找来了余叔岩新灌制的唱片给她，还有几张她本人之前灌制的唱片。当她听到自己的声音从留声机传出的时候，常常感到很新奇和吃惊，不相信那是她自己唱戏的声音。

除了听听戏，孟小冬开始接触文学和书法。她自幼出来唱戏，没怎么上过学堂，没受过正规的教育，那些同是伶人却又能写善画的艺术家，使她认识到自己的渺小和无知，以她的性情，她才不甘心做一个文盲的戏子，除了唱戏什么都不会。如今有时间了，她开始向梅兰芳求教文学上的知识。

在这座幽幽的深宅里，有一间小小的书房，里面笔墨纸砚样样齐全，还有很多书籍、画册、戏本和字帖。梅兰芳为她请了国学老师，教她文学和书法。孟小冬每日午后在落满花的窗前练习书法，阅读书籍。梅兰芳偶尔还会教她画画，两人聊聊梨园的趣事，日子过得安静淡然，却又不失充实。

据说孟小冬在家听了很多余叔岩的唱片之后，对余叔岩十分敬仰。于是她和梅兰芳上门拜访余叔岩。孟梅的婚事极为保密，除却最要好的知交好友之外，其余人一律不知，但他们并没隐瞒余叔岩。余叔岩和梅兰芳向来合作无间，余叔岩视梅兰芳为弟弟，所以当他见到孟小冬时，十分亲切地叫了声"弟妹"。他没想到这个当年顶替了他去演杨四郎的黄毛丫头，如今竟成了梅兰芳的妻子，果真世事难料啊。

　　孟小冬和梅兰芳此次登门拜访，主要是想请他到家里指导孟小冬唱戏。虽然小冬已不再登台了，但因为对戏剧的热爱，梅兰芳能做的就只有这些了。然而余叔岩婉拒了他们的请求，一来他身体不好，常卧病在床，更别提教戏这么奔波的事情，二来他不齿于上门给人说戏。但见到孟小冬和梅兰芳这么诚意，碍于面子，就替小冬引荐了一位戏剧名师，鲍吉祥。

　　就这样小冬安心地过起了深居简出的幽闭生活。据说每日上午鲍吉祥先生上门来，教小冬身段，说余派戏。午后小冬临窗而坐，留声机放着自己的唱片，看看戏本和小说，又或者泼墨作画。梅兰芳一般每日下午一两点钟过来小冬这边，据说他会先到楼上房间睡片刻午觉，然后三点钟下楼来开始吊嗓。小冬在旁也会随便吊上一两段。

　　在宅院宽阔的天井里，有小冬练习身段的影子，有梅兰芳教她骑自行车时留下的欢声笑语，有朝朝暮暮的深情对望，有斜阳里扑翅飞过的蝴蝶双双，有柔情似水有佳期如梦，有梅兰芳停在白色屏幕上的黑色手影，有小冬俏皮的那句"你在那里做什么啊"，以及梅兰芳那句"我在这里做鹅影呢"包含宠溺的回答。如果这样的感情生活，能够一生一世走到生命尽头那该多好。

　　据传有一篇报纸披露了孟小冬和梅兰芳的结合，上面刊登了二人的照片，下边写着"将嫁梅兰芳的孟小冬"以及"将娶孟小冬的梅兰芳"。这则不知从哪儿捕风捉影而来的新闻，引起了众人的关注和热议，很多人都半信半疑。也许是因为他们两人都是当红的名角儿，一个名旦青衣，一个坤伶须生，同台合演阴阳颠倒，珠联璧合，会有谁想到他们真的缔结秦晋之好呢？倒是像一段美好的传说。

面对这件事情，梅党纷纷出来为他们"辟谣"，使得这家报社最终也登出辟谣的文章：

"前者京津各报盛传梅孟两伶结婚，后此复寂然无闻。昨晤梅友某君，询以此事究竟，据言全属子虚，惟梅曾以东城居屋一所（谓非梅之芦草园故居），赁之于孟，此谣言之所由云。"

在梅党的"澄清"下，孟小冬和梅兰芳一起所居住的房子变成了是梅租给小冬居住的，他们只是简单的房东和租客的关系。

本应是一段千古韵事，人间佳话，却得这样遮遮掩掩，小心谨慎，只能存于谎言和掩饰之下，仿佛注定了它即将走向灭亡的结果。

孟小冬一生演了那么多出戏，演尽那金戈铁马入梦来的悲凉壮阔，演尽了那半壁江山难敌你的一世红颜，演尽了那国破山河在，家碎人凋零，却最终把属于自己的幸福演得破碎离殇。

第四辑

伊人憔悴

壹 命案

　　年少时，我们总是以为很多东西可以永恒，几句信誓旦旦的诺言就能撑起一个色彩斑斓的世界。殊不知，唯一永恒的却只有那逝去的岁月，只有那永远回不去的记忆中的流年。也许是眼前的时光美好得让我们产生错觉罢了。

　　孟小冬在深宅里的初婚时期，确实过得安逸、幸福，那时的她专注于文学和其他兴趣上，极少与外界的人来往，青砖高墙隔绝了外边的一切烟火红尘。然而一场意外的命案，却将她和梅兰芳的婚姻推向悬崖。

　　据说有一位叫李志刚的青年，此人是北京东城某大学法律系的学生，家境一般，喜欢听戏，更喜欢捧角儿。民国中期的时候，社会上出现了一种捧角儿的风气，李志刚课余常到戏园听戏，他本来并不是捧孟小冬的，一开始是迷恋名旦琴雪芳的，后来因为琴雪芳和戏园合同期满离开北京，李志刚就把注意放到了孟小冬身上。

　　李志刚的模样生得不错，衣冠整洁，对人也是彬彬有礼的样子，他常到后台去看自己喜欢的伶人。有一次在后台看到卸妆后的小冬，被她惊艳的外貌吸引住了，于是开始对小冬献殷勤。后来又借由散戏后送小冬回家的机会，常常到访孟家。孟家人出于礼貌而客气地对待他，他却以为小冬对他有好感，于是对孟小冬更加迷恋了。

孟小冬和梅兰芳结婚的事非常保密，婚后小冬隐居深宅也没向戏园和戏迷们透露和交待，好像突然间就凭空消失一样。李志刚发现小冬突然辍演，以为她是为了躲避飞机。因为当时正处直奉军阀混战的时期，军阀的飞机在上空乱投炸弹，人心惶惶，危机四伏。李志刚上门寻找孟小冬，未果，感到十分着急。后来无意中在一位老戏迷口中得知，孟小冬由冯耿光做媒，嫁给了梅兰芳，并被梅兰芳金屋藏娇，不再出来唱戏了。

李志刚听后十分震惊，五雷轰顶，不相信所听到的是事实，自己心目中的女神被梅兰芳霸占了，他越想越来气，决定向冯耿光和梅兰芳实施报复。据说他花了半年多的时间终于打听到冯梅二人的住址。于是他在两家距离不远的地方徘徊，暗中观察动静，等待下手的机会。

1927年9月14日的下午，李志刚又在无量大人胡同的5号的梅宅附近徘徊游荡，看到停在门口的梅兰芳自用的汽车，十分在意。于是他到门房求见梅兰芳，却遭到拒绝。一直到黄昏时候，李志刚还在门口徘徊。那天冯六爷府上设宴，梅兰芳早就随七八个客人出门坐车走了，他知道门口有个青年一直在等他，但他不认识，所以就偷偷夹在客人中坐上去冯府的车。

李志刚见到冯六爷一众人从梅宅出来乘车去往冯宅，他还在梅家大门口等待，直到后来看到梅家的司机将那辆白色轿车开走了，李志刚便也匆匆雇辆车尾随其后。到了冯宅门口，他又一次上前要求拜见梅兰芳，并说明自己是来求助于梅兰芳的。大家听到眼前这个文质彬彬的青年的悲惨身世，悲悯之心大发，便凑了点钱给他，但不料李志刚并不是那么容易就打发得走的，他坚持要见梅兰芳。

这时，宴会上梅兰芳的朋友张汉举自告奋勇地出去处理这件事情，他此时当然不知道自己向鬼门关迈出了步伐。他来到门口，向李志刚了解了情况，满口谎言的李志刚泣诉他的悲凉身世，他谎称自己的祖父和梅兰芳有些交情，如今祖父已去世好几天，却停尸在床，原因是家里贫困，无钱安葬，只有前来求梅兰芳帮忙。张汉举听了他的事，非常可怜他，带着他所写好的求助书信入内给梅兰芳以及其他在座的客人看。大家看完这封信后对这个青年感到非常同情，便每人掏出身上的钱，凑起来也有一百来块了，在当时并不算少了。

张汉举拿着他们凑的钱到门口去给李志刚，让他拿了钱赶紧回去办丧事。不料李志刚却不走，他嫌一百块不够，于是张汉举他们又凑出了两百块给他，他仍然嫌不够，并且一再坚持要见梅兰芳。张汉举觉得此人有些可疑，便想随他回家看看他家的情况到底多糟糕再决定要不要继续给钱帮助他。

李志刚同意后，又称自己今天从早到晚在外奔波，粒米未进，感到很饿。张汉举入内告诉主人家，冯六爷马上命厨房为他准备了热腾腾的饭菜，让他在门房中用餐。李志刚吃饱喝足的时候，冯府的宴席也刚好散场，张汉举坐上自备的汽车，和李志刚一起前往他家。据说车中还有一位客人，叫汪葛士，是位画家。车子在深夜里开往西城。天色已深，街上的行人寥寥无几。

据记载，在车内张汉举和青年聊天的过程中识破了他满口的谎言，李志刚意识到自己已经暴露了，便破罐子破摔，掏出事先准备好的手枪，抵着张汉举的脑门，并让司机把车开回冯宅。他声称梅兰芳抢了他的未婚妻孟小冬，并向梅兰芳索要五万块。

事情到此，我觉得李志刚这个青年根本就不是真心喜欢孟小冬的，他也许只是借着这件事情，对梅兰芳进行敲诈，而无辜的张汉举，最终成了牺牲品。更加无辜的孟小冬，也无端端毁了那半生的璀璨光华。

以爱之名，去伤害别人，是最无耻的行为。

车子又回到冯宅门口停下，李志刚拿枪挟持着张汉举，司机进门去给冯六爷通报这件事情。冯六爷听说后，马上命人凑钱给李志刚，因为事情突然，只凑得五百元，不料李志刚仍然不肯让步，一定要完完整整的五万元，一分也不能少。众人都劝冯六爷报警，但碍于张汉举在绑匪手上，他不敢轻举妄动，致电梅兰芳，说明了状况。

可是没想到他们通话的内容被电局密探员听到了，旋即通知了公府密探处处长朱继武。朱继武旋即带了数十名密探赶到现场，同时还通知了其他军警机关。当时李志刚和张汉举都还在门外的车上。朱继武伪装成冯府当差的下人，带着暂时凑到的五百元到门口和李志刚商量，因为已经是深夜一点多了，实在没办法那么快筹出五万元，问他能不能先收下这五百元，其余第二天再补。李志刚似乎是打定了主意誓要五万元不可，他仍不肯妥协。在商量的时候，不巧两个巡警从胡同西口进来，李志刚瞥见，知道他们报了警，显得很惊慌，马上挟持着张汉举下车，想要退到冯宅内躲避。

此时冯六爷见势头不对，马上命人将生病中的太夫人扶到临近友人的家里，而他自己则翻墙而逃，拦截了路上的一辆黄包车，赶往无量大人胡同的梅宅。军警担心绑匪有其余同党会包围梅宅，便派了许多暗探在无量大人胡同戒备。据说冯六爷还被误认为是绑匪同党，和暗探大打出手，后来方知道大家都互相误会了。

一个青年，竟可闹得众人鸡飞狗跳，神经紧绷，也许是因为此人手中有枪，非常危险，所以才出动这么多警察军官。但后来据说这名青年其实从未使用过枪支，他本无心杀人，只是见到这么多警察包围着他，他想到自己必定死路一条，心慌之余，手一颤抖，就误杀了张汉举。

而流传在外的说法却是他开枪杀死了张汉举，然后自己自杀而亡。还有的版本是李志刚的枪射偏了，警察听到枪声，马上朝他们开枪，张汉举无辜被射中了，李志刚也当场被击毙。当时各大报纸都争着报道这件事情，各家有各家的说法，但事实的真相到底是如何，如今已无法追溯查明了。

不过可以肯定的是，这件事情与孟小冬是真真一点儿关系都没有。

再说当晚的情况，什么武装警察、保安队、侦缉队，等等，都从四面八方赶来，塞满了整条胡同。他们看着人质在绑匪手上颤颤发抖，却不敢轻举妄动，恐激怒了绑匪，害了人质的性命。于是又开始和李志刚讨价还价，将赎金从两千元增至五千元，到后来的一万元，李志刚仍然不为所动。

事情一直僵持到第二天早上七点多，冯六爷从中国银行调动出一万元，和之前的一万元一起一共两万现钞，由朱继武交给李志刚。在当时来说，五万元是个非常大的数目，就算是银行家或者富商，也不能在一时之间拿出这么大一笔钱来。李志刚的要求还十分无理，他要五万元现钞都是十元一张的，五元和一元的还不要。无奈之下，冯六爷又只好遵照绑匪的要求，把现钞都准备好，一捆一捆的让朱继武从窗子里递进去给绑匪。当时李志刚把张汉举挟持到了一间屋内，而那位同车的画家汪葛士在起先慌乱的情况中早就趁机逃走保得性命。无奈张汉举只能照着绑匪的要求，清点朱继武递进来的钞票。他此时心里一定非常后悔，当初为何要自告奋勇地出去管这等闲事呢，由着别人把他打发了就行了，如今自己落入虎口，性命岌岌可危。

据载，绑匪要的钱都收齐了，他继续提出要求，要一辆车，开到大门口并把车门打开，等着下一步。冯六爷命人照做。车子安排好后，李志刚仍然拿枪抵着张汉举，要张汉举抱着那一袋钞票，先走在前面。所有人都只能看着他挟持着张汉举走到车前，看着他命令张汉举抱着钞票先进车里去。

就在张汉举弯腰进车的那一刻，李志刚的手枪刚好离开他的后背，于是大家伺机而动，纷纷上前准备逮捕李志刚。然而李志刚快了一步，朝张汉举开枪，击中了他的要害，又转身朝着一众警察开枪，据说有侦探被流弹所伤。军警见到张汉举已被击倒，马上对准李志刚还击。最后李志刚身中数枪，气绝而亡。

到此，这件事情告一段落。

而可怜的张汉举，虽然马上被送往附近的医院，但中途又辗转被送到其他的医院，因为流血过多，以当时的医学水平，眼看是救不了了，只能又送回家中。张汉举从被击中后痛不欲生，到奄奄一息，快一个小时了，最终还是在痛苦中咽下了最后一口气。据说张汉举死状非常惨烈，尸体停在客厅，白布蒙身，血肉模糊，简直惨不忍睹。后来家人料理妥当，夜晚入殓。

期间在府上帮忙照应的有梅党中的几位挚友，如齐如山等。朱继武、冯六爷等社会名流都亲自来吊唁。而梅兰芳不方便出门，所以请别人代往吊唁。

张汉举无辜做了梅兰芳的替死鬼。他牺牲后，家中还有一位年迈又双目失明的老母亲，一个妻子两个小妾，以及一个六岁的女儿和三岁的儿子。忽然遭此巨变，举家痛哭哀号，伤心欲绝。据说出事后张汉举的妻子带着儿女们天天跑到梅家去大哭，使梅兰芳十分愧疚和无奈，不知如何是好，只能做出物质上的补偿，把别处的一间房屋送给她，还给了两万元现金以作安抚。前文也提过，梅兰芳是个特别怕麻烦的人，遭遇到这种事情，他当然感到身心俱疲，焦头烂额，只想着只要钱能够平复事情，就尽量简单、快速地解决。

命案发生后，军警联合办事处发出了布告，如下：

"为布告事，本月十四日夜十二时，据报东四牌楼九条胡同住户冯耿光家，有盗匪闯入绑人勒赎情事，当即调派军警前往围捕，乃该匪先将被绑人张汉举用枪击伤，对于军警开枪拒捕，又击伤侦缉探兵一名。因将该匪当场格杀，枭首示众，由其身边搜出信件，始悉该犯名李志刚，合亟布告军民人等，一体周知。此布。中华民国十六年九月十五日。司令王琦，旅长孙旭昌，总监陈兴亚。"

布告里面说李志刚的尸体被枭首示众了三天，尸首当然也是惨不忍睹的。据说冯六爷和梅兰芳都受到了惊吓，暂避到别的地方。

关于这场命案，流传着许多种版本。当时发生这么一件轰动社会各界的命案，一时之间媒体报纸都纷纷报道事情的经过，关于事情的真相众说纷纭，有的小报甚至将其写成凄美、哀婉的爱情故事，把小冬写成了造成这件事情的最大导火线。但恐怕只有逝去的当事人知道其中的细枝末节。

　　除了上述的比较官方的命案始末之外，还有一个相似的说法。而命案中的青年不是叫李志刚，而是叫王惟琛。

　　据记载，1926年的某一天，梅家会客厅里突然来了一位不速之客。他身着浅灰色西装，面貌清秀，文质彬彬，面色苍白，二十岁左右，一看便知是位学生。他就是这起血案的主角王惟琛，当时肄业于北平朝阳大学。王对孟小冬心仪已久，无奈孟此时已成为梅兰芳的情侣，因此他怀恨在心，到梅宅寻衅。

　　王惟琛到达梅家的时候，碰巧梅兰芳正在午休。代替梅兰芳出来招待客人的是梅兰芳的老友张汉举。张汉举是当时北平很有名望的一名绅士。王惟琛见出来的不是梅兰芳，迅速拔出手枪抵住张汉举，声称此事与张无关，让张把梅兰芳叫出来，因为梅夺了他的未婚妻孟小冬，他要和梅算账，否则梅只有拿出十万元才能解决问题。张汉举强压住内心的恐慌，告诉梅兰芳这位先生要借十万块钱。梅兰芳先是一愣，迅即明白过来，只听一声："我立刻打电话去。"便已不见身影。

　　不久，梅宅被大批军警围住。不料，王惟琛无意中瞥见了军警，顿时惊慌失措，拔枪就射向张汉举。可怜张汉举在这场不相干的爱情纠葛中成了冤死鬼。听到枪响，军警们一拥而上，王惟琛饮弹倒地，旋即殒命。

　　这个说法中的主角王惟琛，是北平市市长王达的儿子，也有说法是他迷恋孟小冬，受不了梅兰芳娶走了她这个事实，于是上门索要分手费的，后来命案发生，王达为了保护儿子的名誉，所以布告出来的绑匪青年成了李志刚。

　　这种说法可信度也不是很高，因为事情发生得太突然了，而且又

126

正好是梅兰芳和孟小冬刚秘密结婚没多久，正好小冬又息影了，一些记者或者笔者都天马行空地幻想了整个事情的经过，加入一些道听途说的谣言，写得绘声绘色，就像是真实的一样，后人看了也难以分辨其中的真假。

李志刚也好，王惟琛也罢，都是不值得同情的人。不论是为爱为恨还是为了钱财或是只为出一口气，枉送了性命之余，还害了无辜人的命，葬送了多少人的往后人生？

真真假假，所谓的真相，已经不重要了。重要的是，这件事情带给孟小冬的影响。虽然并不是事件直接导致了她后来的悲剧，但这件事情却令她和梅兰芳的关系走向破裂。

贰　距离

　　距离命案发生已过去三四天，孟小冬还未知晓事实。深巷里的隐居之地真的把她隔绝得足够彻底。这件似乎因她而起但实则与她没有关系的事情，已经在京城的大街小巷流传开来，加上报纸舆论的各种编造以讹传讹，使流言像病菌一样蔓延在人们的口中。孟小冬也是从别人口中听说事情的来龙去脉的。

　　这件事情打破了孟小冬在"金屋"那与世无争的清静日子，她偶然从家里的老保姆那儿听说城西街口有个大学生的头吊在那里示众，说是在冯宅发生的命案，在"金屋"陪伴孟小冬的冯家小姨子听了之后马上回家看了看。

　　小冬吓了一跳，同样受到惊吓的梅兰芳，在这件命案发生、媒体报纸各种大肆报道出来后，并没有回那深巷里的爱巢去看孟小冬，而是留在无量大人胡同的梅宅。看似也一无所知的福芝芳，据说其实早在梅兰芳偷偷和孟小冬结婚的时候，她就已经知道了，只是一直忍着不发作，在等待一个适合的时机，把自己的丈夫抢回来，她似乎非常有信心，知道梅兰芳始终会回到自己的身边。这样善于隐忍的女人，单纯直率、不谙世事的孟小冬根本就不是她的对手。

那时福芝芳嫁给梅兰芳不过六七年时间，而这六七年时间也足够抵得过梅兰芳对孟小冬脆弱的爱。有人认为，在爱情面前，时间不是距离，也没有先来后到之说。然而事实证明，在爱情面前，时间就是最大的距离。对梅兰芳来说，福芝芳已经变成了亲人，而孟小冬，虽然已经嫁给他，但其实名分上还是很模糊的，类似于情侣同居的阶段。说到底，亲人才是最终的归宿。

福芝芳是个非常聪明的女人，在丈夫与别的女子拜堂成亲，还另筑爱巢将近半年，她居然可以忍气吞声，装作什么都不知道，不吵不闹的，依然操持整个梅家，对梅兰芳的一切活动都像平常一样，配合着不干涉半点。直到这件突如其来的命案，她终于发声了。

当时外界的人们大多数都受了报纸登出的各种添油加醋的报道的影响，信以为真，认为一切是孟小冬的错，都是因为她已有未婚夫，还去勾引梅兰芳，才导致发生了这种悲剧。舆论的声音开始讨伐她，议论不休，流言犹如疯狂的病毒肆意传染。也有人说是梅兰芳的错，害死了朋友，反而可怜起那亲手了结了一条无辜的生命的青年。

梅兰芳是一个非常爱惜自己声誉的男人，他害怕遭到各种如同脏水般的骂名，加之他生性不喜麻烦，所以面对这样的状况，他选择暂时少去"金屋"看孟小冬，留在家里，让时间把事情淡化之后再说，先保住自己的名声，不影响前途，以及安抚家中夫人要紧。

毫无过错的孟小冬，仿佛成了千古罪人。她的美好与对爱情的追求，变成了一种错误。

梅兰芳低声下气，说尽甜言蜜语安抚福芝芳。另一方面，他并没有马上和孟小冬分手，他还是爱她的，只是他更爱声誉和前途，更爱那一生执着追求的戏剧艺术，所以他才选择暂时先冷落孟小冬。或许他这么做也是迫不得已，但他的疏远让孟小冬感到不满。恰巧梅兰芳这段时间要为"访美演出"做些准备工作，每日除了演戏，还要应付处理这些事情，回家还要讨好福芝芳，他忙得焦头烂额的，更有充分的理由不去"金屋"了。

　　孟小冬明显感觉自己受了冷落的对待，想想半年前，梅兰芳每日都来陪伴她，对她很宠溺，教她画画、写字、骑车，为她做手影，两人如漆似胶，甜蜜得连池里的鸳鸯都羡慕。不过才半年的时光，就成了今天的局面。虽然早就明白人生无常，也许没有永恒的爱情，但万万没想到，一件意外的命案，就让这个几个月前还爱得轰轰烈烈的男人变得如此冷淡，几乎一个月都见不上一面，却依然不能公开他们之间的关系，她还要继续过着这样与世隔绝的生活。

　　梅兰芳虽然是伶界大王，在舞台上扮演过许多温柔多情的女子，演绎了各种或凄美或欢喜的爱情故事，但他终究还是个男人，他终究看不穿女人的心思。

　　这曾经充满了美好和温存的高墙深宅，如今俨然成了困住孟小冬的牢笼。每日在窗前的期盼，已经变成失望。那跳动着的滚烫的心，也渐渐变得失去温度。对爱情仍有一丝丝的期盼和希冀的孟小冬，只能等待。

　　相思树底说相思，思郎恨郎郎不知。孟小冬有些如梦初醒的感觉，她不明白，难道自己就这么见不得人吗？还是说这段婚姻关系就得这样一辈子遮掩、隐瞒下去？当初不是说好"名定兼祧"，名分和福芝芳一样吗？如今倒好，连个小妾都不如，像被抛弃一样，却仍要继续困在深宅，等待着不知何时归来的情郎。

小冬本身骨子里就有几分刚烈的性格，加上从小出来演戏，以老生为攻，心态有些高傲和好胜。本来自己已经委曲求全，低调地嫁给梅兰芳，还过着隐居生活，甚至放弃了自己最喜爱的演艺事业，在最璀璨美好的光华里，只为你梅郎一人独自绽放，然而如今却换来这样的对待，她心里非常压抑和不甘。

她才二十岁，纷扰的世事，爱恨情仇，将她的心渐渐啃噬。她将孤寂的半生，仿佛已经有了预兆。无言独上西楼，月如钩，寂寞梧桐深院锁清秋。她只能无言地独坐在窗前，看着缓慢得如同静止般的时间，暗自神伤。大抵天下男子多数薄情寡义吧，糟蹋那一地的落花，惹出多少红尘热泪，摧毁一场又一场的流年美梦，然后无情地转身，留下红颜垂泪独守残败的冷夜。

在那些寂寂的夜晚，听那花开花落的声音，独自哼唱：落花有意随流水，流水无意空恋花。那些等不来的地老天荒，只能又一次在沉睡的梦中祈求安和。时间就这样随落花流水匆匆向前淌去。

1928年的春节，孟小冬孤身一人回娘家过节，梅兰芳以忙碌为由没有同她一起回娘家，当时孟小冬还能暂且忍着，心中还对梅兰芳有些许的爱意，并未因为他的冷落而变淡，她依然心存希望，只要"金屋"还在，他还来，也没有说出分手，就还代表着他们仍然是夫妻。

年后，她回到"金屋"继续等待着梅兰芳。然而，又一个五雷轰顶的消息，让她的心支离破碎。

天津的《北洋画报》上刊登了一则关于梅兰芳的消息，孟小冬从家人那里得到这份报纸，原来梅兰芳去了天津，在津演出数日，下榻某某饭店，而且他第一次带着福芝芳一同出远门演出。据说福芝芳嫁给梅兰芳这六七年里，一直息影在家，操持家务照顾孩子，做梅兰芳背后的坚实后盾，梅兰芳从未带过她出门演戏。当时福芝芳身边已有三个孩子的拖累，照理应该走不开身，但却有这般心思和兴致与梅兰芳双双出门。孟小冬看完这个消息，感到十分委屈和愤懑，梅兰芳这么做，不就是摆明做给全世界的人看吗？

孟小冬看着这份报纸，恨不得撕碎了它，委屈得忍不住落泪。

爱情，就像张爱玲所说的，是含笑饮毒酒。孟小冬当初把这杯毒酒含着一世倾城的笑容一饮而尽，如今竟这么快到了毒性发作的时刻了。

倔强的她带着满心的委屈，离开"金屋"回了娘家。幸好，她还有一个温暖的港湾，可以躲避纷扰的世事，可以治愈受伤的心灵，家永远是她的最心安的归属。

虽然孟小冬已经嫁作人妇，但在父母眼中，她依然是最宝贝的孩子。孟五爷两夫妻见到小冬回家，非常高兴，自从小冬嫁给梅兰芳之后，很少回家。而今年过年的时候小冬回家逗留了几天，两老已经十分欢喜了，日夜挂念，现在女儿又回来了，当然是更加欢喜了。但是过了几天，他们发现小冬回来后一直心事重重、闷闷不乐的样子，好像发生了什么事情。他们也跟着担心和心疼起来。

子女有什么心事，做父母的当然一眼就能看出来，孟五爷两夫妻猜想可能是因为《北洋画报》上关于梅兰芳带福芝芳出游天津的消息让他们的宝贝女儿满脸愁云的。小冬这才嫁给梅兰芳刚满一年，如今就遭受这般冷落的对待，往后的日子还那么漫长，前方的路真的看不到盼头啊。

曾经对爱情、对婚姻、对生活的所有美好愿望和憧憬，终是敌不过岁月的无情和人心的难测。如果一开始就知道注定要经历这样的无情残酷的现实，也许当初就不会那么冲动，经不住一时的心花怒放就许以终身了。

　　孟小冬在家的日子荒芜而过，每日只是思念梅兰芳，对他又爱又恨的，全部心思都在他身上，而他远在天津，和福芝芳相依相伴，留她独守空房哀叹那绵长无尽的清冷时光。

　　孟五爷看到女儿一副生无可恋的模样，甚是心疼，于是替她出主意，提议她去天津唱戏。孟小冬一听到唱戏，有种恍如隔世的感觉，心情一下澎湃了起来。是啊，她还有一身绝世技艺，她还有热爱如同生命，一点都不亚于爱情的戏剧，她并非一无所有。父亲的这个提议一下点醒了她。

　　可是孟小冬随即又担心起来，她已有一年多没有登台演出了，息影的那段时光，除了一开始跟鲍吉祥老师学唱了一阵子，后来也没有再继续，根本做不到所谓的"拳不离手，曲不离口"。如今马上要登台表演，怕是技艺生疏，会有闪失。一向对表演很认真、要求很严谨的孟小冬，当然不允许自己在舞台上有什么做得不好的地方，那是对观众戏迷的不负责，也是对自己的不负责。

　　于是孟小冬先留在家里练习。她每天都花大量的时间在用心排练各出曾经熟练的戏目，一点都不马虎，仿佛捡起了旧日那些练习的时光，重新咀嚼，有种岁月发黄的旧味道，却让人感到熟悉和安心。

　　孟五爷除了一边指导和督促她练功之外，一边则出面替她联系和安排登台演出的事宜。据说他找了曾经合作过的著名坤旦演员雪艳琴，希望她能和小冬一起合演。雪艳琴，生于北京，本名黄咏霓，比小冬大一两岁，人称"坤旦领袖"，是当时红遍京城的名角儿。她和小冬的交情甚好，情同姐妹，却因小冬和梅兰芳结婚而没有告诉她让她感到生气，但此次小冬主动上门请求合演，她也就不再计较这些不重要的往事了，而且答应和她一同去天津演出。

阔别舞台两年的孟小冬要重返天津演出，对广大热爱京剧以及捧她的戏迷来说，是个天大的好消息。据说当时主办《天津商报》"游艺场"的沙大风极力宣传，还在专栏呼孟小冬为"吾皇万岁"，这报道又引来其他作者的打趣。

总之，孟小冬人还没到天津，也还没正式登台，就已经满城风雨了。从前在津沽演出积攒下来的老戏迷们，早就把票抢购一空，都翘首以盼孟小冬的到来。

孟小冬演于天津的春和戏园。登台那日，声势浩大，盛况空前，戏园连日爆满，座无虚设。三天打炮戏为：第一晚，小冬与雪艳琴合演《四郎探母》并带"回令"，堪称旗鼓相当，珠联璧合。第二晚演压轴《捉放宿店》，而大轴则为雪艳琴之头二本《虹霓关》。第三晚雪演压轴《贵妃醉酒》，小冬以《失空斩》列于大轴。孟雪并挂头牌相互谦让，互演大轴。

在天津受到这么多戏迷观众的喜爱，令小冬感动之余也颇为感慨。时光终是无情地掠夺了她的爱情以及一切美好的愿望，被郎君伤得体无完肤的那颗心，从热情如火的戏迷那里寻求到一点点的安慰。那些曾经付出过的努力日子，那些苦其心智、劳其筋骨的反复练习，使她依然能在舞台上绽放出璀璨的光芒。

　　这个世界上，除了爱情之外，我们还能为了很多东西而好好生活下去，比如事业，比如兴趣爱好，等等。虽然爱情也是生命中不可缺少的东西，但事业也是。生活不是只有爱情，世间何其大，许多繁花似锦，许多山河风光，我们可以去跋涉，去观赏，去看日落花开，去听大海与风雨搏击的声音，去体会生命中各式各样的滋味。春花秋月，落花流水，我们可以寻找生命的另一种意义，而不是在爱情里死磕到底。在人生这趟有去无回、仅此一次的旅程中，别为了去追一个伤感离去的背影，而错过了一世好风光。

　　我想小冬也是明白这些年时光教给她的意义。她常年扮演着刚烈的男儿，使她骨子里的性格也同样刚烈和倔强，年幼时跟随师父学艺和到处流离奔波，更使她坚强独立。她的绝世容颜，素净如兰，在津时期出入各种交际场合，亦不施粉黛，身着男装出席。如此清丽大方的女子，当然受尽各界盛誉。

　　出席这些场合，免不了会被人询问她和梅兰芳的关系，而她始终保持着无可奉告的态度，一律不予回答。虽然他们之间的婚姻关系已经成为公开的秘密，但彼时仍未正式向外公布。

　　虽然孟小冬被梅兰芳冷落，在发生不如意的事情时，将她抛之不顾，但孟小冬仍然甘愿委身于这段无名关系中，可见她对梅兰芳的用情是很深的。也正是这一心一意的情深，使她后来伤得彻彻底底。

　　她此次复出在津演出，虽然看起来有些报复的意味，但其实她不过是想引起梅兰芳的注意，想要告诉他，她是在意的，她是吃醋的。她也想告诉他，尽管他的冷落伤了她，她依然能够用别的方式让自己站起来发光发热。

天津演出结束后，孟小冬没有马上回到"金屋"，而是直接回到娘家住。

孟小冬的举动让梅兰芳非常惊讶。当他知道小冬在他和福芝芳赴津演出时，他们前脚刚走，孟小冬后脚就跟着去了，还浩浩荡荡地在津沽上演了几天好戏，梅兰芳惊诧于小冬居然用这种针锋相对的方式来回报他给的伤害。

也许是因为小冬没经过他的同意就复出登台，这种我行我素的态度，以及她的报复行为，让梅兰芳又气又恼。

他终于见识到骨子里真正的孟小冬，是这么厉害和强势不让人的。他更没想到小冬连人都不回"金屋"了。但他也没别的办法，能做的就是低声下气地去孟家，求得原谅，虽然被孟五爷训了一顿，最终还是把孟小冬接回了家。

经过这次冷战，虽然在梅兰芳主动言和中结束，两个人的感情似乎恢复了之前那样相亲相爱，但摔碎过的心虽然可以重新粘起来，却留下了裂痕。

就在孟小冬又回到"金屋"和梅兰芳继续和好如初地过日子时，从天津传来了令人悲痛的消息，王明华病危，已到生命的尽头。1928年9月，夏天悄悄地走了，初秋带来阵阵清凉而又伤感的风。王明华在天津的医院咽下最后一口气，遭病痛折磨了三年多的梅大奶奶，终是没能逃过命运的安排，对她来说，死亡也许是一种解脱吧。

据载，得知噩耗后，梅兰芳马上赶到天津料理王明华的丧事，孟小冬也随后赶到，见她最后一面。王明华的丧礼上，梅兰芳哭得伤心欲绝。这个十几岁就嫁给他，陪伴了他十几年的女子，为他付出了所有的青春，却只能悲凉地离开人世，他一直爱她，爱她的大度，爱她的隐忍，爱她的成全，爱她的一切，却只能让她孤零零地凋零。他亲撰一联挽之：

三年病榻叹支离，药灶茶炉，怜我当时心早碎

一旦津门悲永诀，凄风苦雨，哭卿几度泪全枯

料理完王明华的丧事，梅兰芳回到北京，是年11月，他去广州和香港演出，为了补偿之前对孟小冬的冷落和伤害，他瞒着福芝芳，带上孟小冬一起去。此行让他们两人的感情有所升温，据说孟小冬当时心情很好。孟小冬跟随着剧团一起行动，和梅兰芳出双入对，这就等于将她和梅的关系昭告天下了。

据载，他们一直到1929年2月中旬才回到北平，三个多月的远行，中间还去上海逗留了一段时间。

回到北平后，孟小冬似乎可以光明正大地以梅夫人的名义生活，她和梅兰芳的关系一度受到外界报纸的关注。这个公开的秘密，也终于暴露在世人的目光之下。

叁　破裂

　　张小娴说："缘起缘灭，缘浓缘淡，不是我们能够控制的。我们能做到的，是在因缘际会的时候好好地珍惜那短暂的时光。"

　　然而，人是贪心的动物，有着无止境的欲望。在爱情面前，总是希望得到更多，占有对方的一切，以为那样就是永垂不朽的爱情，殊不知，那只是作茧自缚，只是亲手将已有的幸福一点点推往万劫不复。

　　孟小冬随梅兰芳从广州和香港的演出之行回来后，她的"金屋"不再是秘密得无人知晓的深宅了。据说当时梅兰芳在准备赴美访问的事物，非常繁忙，梅党中的核心人物齐如山常常到"金屋"帮忙做一些准备的工作，他还时常带上女儿和儿子一起过去帮忙。

　　据载，齐如山的儿子齐香曾在1988年8月的香港《大成》上发表过一篇文章，题叫《我的父亲齐如山》，里面有些片段记录了关于当时孟小冬和梅兰芳的只言片语：

　　记得我姐姐齐长也用心地描绘脸谱。准备到美国送人的礼物种类很多，梅先生自己画了很多扇面，我姐姐也画了些，以备万一不够分配

138

临时使用。还有小巧的工艺品，如墨盒、砚台等。墨盒上都刻有图像，给我印象比较深刻的有孟小冬扮的古装像。她本是演老生的，这幅画面却是扮的古装妇女，十分漂亮。平时我见她并不过分打扮，衣服式样平常，颜色素雅，身材窈窕，态度庄重。有时她低头看书画，别人招呼她，她一抬头，两只眼睛光彩照人。那时她不过二十来岁，我也就十几岁。六十年过去了，她那天生丽质和奕奕神采，犹在目前。

在梅兰芳有条不紊地做赴美访问的准备工作时，一个难题不可避免地出现了，这个难题令他焦头烂额，左右为难。孟小冬和福芝芳都想跟梅兰芳赴美演出，但此行因开销比较大，经济吃紧，所以计划尽量节约人力、物力和开支，随行的人员多是身兼数职的。据说梅兰芳这次打算带福芝芳去，因为前段日子为了弥补孟小冬，已经带她到南方演出了，并且说到底，福芝芳才是那个背后一直给他支撑的女人，他带她去，是理所应当。

但孟小冬也很想去。理由是福芝芳已有身孕，不便远行。梅兰芳觉得她这么说也有些道理，便劝阻福芝芳留在家中。当福芝芳知道孟小冬用她怀孕之事为由，阻止她跟随丈夫前往美国的时候，她做了一个令人震惊的举动，她居然让大夫开了堕胎药。

备感为难和苦恼的梅兰芳，最后没有带她们中的任何一个，他怜惜福芝芳的爱，也不想孟小冬不高兴，折中的办法，就是两人都不带。福芝芳这次的代价，还是换不来与梅兰芳一同前往遥远的美国，但或许她不后悔，因为她没得到的东西，孟小冬也休想得到。

偏偏性子倔强的孟小冬仍有不甘，和梅兰芳吵闹不休，两人争执不下，梅兰芳苦不堪言，孟小冬非常生气，遂又立马回了娘家。她以为梅兰芳会像上次那样，低眉顺眼地去娘家接她回去。是她把自己在梅兰芳心里的位置看得太重，还是她轻视了福芝芳在梅兰芳心里的分量，归根到底，梅兰芳还是让她失望了。

据记载，1929年8月17日天津的《北洋画报》上刊登了一篇名曰《戴河琐语》的文章：

台上的梅兰芳是人人看得见的，下装的梅兰芳是人人想一看的，穿着海水浴背心，曲线美毕呈的梅兰芳，更是人所不得见而极希望见的。当梅氏与其夫人到北戴河作海水浴的时候，海滨居民游客，空巷往观，真有眼福……

报纸上还附了数张梅兰芳和福芝芳穿着背心以及四处游览的照片。

原来，在梅兰芳和孟小冬发生争吵，孟小冬带着一肚子怨气回娘家后，梅兰芳竟带着福芝芳同游北戴河。据说北戴河风光极好，大片无尽的湛蓝大海，和天边连成一线，海边的沙滩细沙柔软，白昼阳光温和，入夜晚风习习，真是个避暑的好地方。

在京城的小冬看到新闻报纸上大肆报道梅福二人的出游消息，不由得心生醋意。

"我以为爱情可以克服一切，谁知道她有时毫无力量。我以为爱情可以填满人生的遗憾，然而，制造更多遗憾的，却偏偏是爱情。阴晴圆缺，在一段爱情中不断重演。换一个人，都不会天色常蓝。"

张小娴说得极是。

爱情何曾不是小冬以为能够克服一切的力量呢？但终究，被一次又一次地辜负和伤害。到后来，也不禁怀疑起当初的义无反顾、飞蛾扑火，到底是为了什么，到底得到了什么。

当一段感情开始遭到怀疑的时候，已经岌岌可危了。从梅兰芳带着福芝芳出游的事情中，孟小冬深深地感觉到，自己终究只是个妾，什么兼祧两房，什么两头大，不过是当初为了让自己安心嫁入梅家而找的安慰借口。由始至终，她孟小冬，连梅家的大门都没入过，更别说是那摇摇欲坠的名分了。

在孟小冬为了此事闷闷不乐的时候，梅兰芳从北戴河回来，准备前往美国。1929年冬天，梅兰芳一行人从北平坐火车先到上海，福芝芳也一同前往，而孟小冬只是在北平的"金屋"门前与梅兰芳合影送别。梅兰芳一行人在上海逗留了半月后，登上"加拿大皇后号"轮船，经日本、加拿大，于1930年2月到达美国。演出访问至6月末结束，大受欢迎，非常成功，梅兰芳还获"文学博士"学位。7月启程回国，8月初抵达天津太古码头。至此赴美访问完满结束。

访美的成功本来是件值得庆贺的事情，不料世事无常，梅兰芳归来才几日，就闻大伯母逝世的噩耗。据载，梅兰芳自幼丧父，母亲也在他十五岁的时候离世，他小时候过继给大伯家，大伯母对他非常怜爱，如同己出。梅兰芳亦非常敬重大伯母，她的死讯让他非常悲伤。回到北平后，他随即料理大伯母的丧事。葬礼期间，前来无量大人胡同的梅宅吊唁的人们非常多，戏剧界的、社会名流、相熟的知交好友皆来吊唁。

在得知梅兰芳的大伯母逝世的消息后，孟小冬在家焦急地等待梅家那边派人过来通知她去吊唁，怎料一直没有消息。她又想到，趁着这次机会，向所有人挑明她在梅家的身份，于是她剪了短发，头戴白花，来到无量大人胡同的梅宅，想给婆母披麻戴孝，尽自己做儿媳的孝心。

没想到来到梅宅，脚还没踏入大门半步，就被下人给拦住了。孟小冬虽知是福芝芳吩咐下来不让她进门参加丧礼，但她心里不甘，不愿就这样被赶回去，她要求见梅兰芳，又被拒绝了。

孟小冬连连被阻，出入梅宅参加吊唁的人那么多，唯独她被拦住了，心里感到非常委屈，明明她才是梅兰芳的妻子，拜过堂行过礼，何以如今连梅家的门都进不了，而且她是来尽孝心的，是理所当然的事情，却遭受这样的对待。凭她的性格，怎会轻易就此离开？

孟小冬在门口和梅家下人理论不休的时候，正好出入的客人中有位认识她的好友，见状便马上替她进去告诉梅兰芳。梅兰芳闻讯出来，本想劝小冬回去，却被小冬三言两语顶得说不出不让她进去的理由，于是只好进屋和福芝芳商量，以福芝芳的脾气，哪有那么轻易妥协，彼时她又有身孕，便用孩子来要挟，就是不让孟小冬进门。

一边是多年的正怀有身孕的妻子，另一边是自己喜欢的女子，梅兰芳最终还是选择了前者。可无论众人怎么相劝，孟小冬都不愿离去。后来梅兰芳找来在梅家帮忙料理丧事的小冬的舅父解围。后来小冬带着满腔的委屈泪流满面地回了娘家。

门外的雨越下越大，淋湿了小冬的心。屈辱、无奈、难过如同这没完没了的雨滴，淹没了一颗伤痕累累的心。唯一支撑她的所谓兼桃两房和当初说好的与福芝芳同等的名分，这一切都被今日眼前所遭受到的事实冲毁崩塌。三年了，和梅兰芳结为伉俪三年了，她一步都没踏入过梅家，梅家到底长什么样子，她从来没见过，此生也不会踏入。

故事到此，不禁令人想到同是在民国时期，那位绝世才女陆小曼，她和孟小冬经历了一样的事情。就在1931年4月，徐志摩的母亲病逝，赶来吊唁的陆小曼半路却被徐志摩的父亲派人阻止了，不让她进门。陆小曼伤心无奈地回去了，徐志摩则无比心疼她，写信安抚。

她们只不过是想要为逝去的长辈尽孝，她们只不过是想要一个名正言顺的身份而已，却都如此艰难。

在爱情和婚姻面前，一次次受到打击和伤害的孟小冬，经历了这次风波，非常伤心，茶饭不思，人也变得憔悴起来。与孟家一墙之隔的义母听说小冬病了，便常来探望她，见她面容苍白，伤心难愈的样子，便安排她暂时去天津就医，用中药来调理身子。趁着这个机会可以到外地去散散心也是好的，于是小冬就只身前往天津，下榻在义母安排的亲戚家里。

这位亲戚是信佛之人，家中供奉着观音菩萨的神像。历经情殇的小冬此时一颗心灵正是伤痕累累，精神恍惚无所寄托，她需要治愈，便跟着主人焚香念经，远离那红尘是非之地，寻得灵魂的一处安宁和寄托。

这短暂的时光，静静地从身边流淌，孟小冬诚心念佛，仔细地调理身体，期间很少外出走动。

梅兰芳料理完大伯母的丧事后，终于赶到孟家看小冬，结果小冬不在，他被病中的孟五爷狠狠地责骂了一顿。看着女儿被欺负，被深深地伤害，做父母的当然是心疼。梅兰芳想要知道孟小冬的下落，不料爱女至深的孟五爷不肯相告。后来小冬的三弟学科上前劝慰这个一脸悲痛和无奈的姐夫，并私下悄悄把姐姐在天津的事儿告诉了他。

这时候的梅兰芳虽然访美成功，但因此行开销极大，花了他很大一部分财产，亏空了十万左右，在当时来说是很大一笔数目，虽然以梅的财力，不至于马上破产，但加上处理大伯母丧事的支出，已经有些吃紧了。等到一切繁复的事情处理完毕，小冬竟不辞而别去了天津，天津这么大，她又不知在何处。之前的两次冷落，让梅兰芳对小冬感到非常愧疚，他自知是自己欠了她，想要来偿还和修补的时候，佳人却在茫茫人海之中难以寻觅。

虽然如此，他还是托人四处在天津打听小冬的下落。

两个月后，孟小冬在天津参加了赈灾义演，梅兰芳的友人因此找到了她。梅兰芳从北京赶往天津。友人提出让小冬和梅合演《四郎探母》，想借以调解两人破裂的关系。然而孟小冬却已看破红尘般，只管吃斋念佛，不愿和梅同台，甚至不与他见面，一副"安得与君相决绝，免教生死作相思"的姿态。

梅兰芳只好长叹这是老天对他的惩罚。

或许小冬是这样想的，此时若相见，又能以什么表情、什么言语、什么态度来面对你？三番五次的伤害，那颗心已经承受不住任何情感波动。不错，可能我依然爱着你，但我也有尊严。

但后来，他们终是见面了。

孟母非常担心女儿在天津的情况，于是前往看望。梅兰芳得知，和友人一同前往岳母娘下榻的饭店，诚恳地向她求助。孟母对梅兰芳这个女婿向来是喜欢的，她也心疼小冬，不想两人的关系继续僵持恶化，便去开导小冬。

梅兰芳总算是如愿了，挽回了本来心灰意冷的孟小冬。在津演完几场戏后，小冬随母亲以及梅兰芳回到北平。

似乎一切又回到平静的生活中，没有波澜起伏的痕迹。但孟小冬那颗碎了又粘，粘了又碎的心，已经千疮百孔，难以修补如从前了。那一条一条的裂痕，像惊心动魄的图腾，是她在这场满盘皆输的爱情中留下的印记。她赌了一场芳华，赌了一颗真心，却赢不来一场地老天荒的爱情。纵是两情相悦又如何？成亲时的山盟海誓，不过是灿烂烟火一瞬即逝。一生一世一双人，争教两处销魂。相思相望不相亲，天为谁春？只叹是当初的乱点鸳鸯谱，成就了一段错爱姻缘。彼此心中仍有爱，不愿分离却又不能再似从前那样深爱，这段感情，注定是无果的。

肆　神伤

　　在爱情这片茫茫大海里，孟小冬迷失了。时光错落成殇，当初的相遇和心动，都是色彩斑斓的泡影，经不起风吹雨打。凛冽的风吹熄了晃动的烛火，凄冷的夜揉碎了美好的念想。只可惜我们缘分太浅，只可惜那个陪我走到最后的人不是你。

　　孟小冬嫁给梅兰芳这前前后后四年时光，经历的所有恩怨情仇，她都明白，风花雪月，只是一场梦，她的梦，要醒了。

　　从天津回到北平，又过了半年的时间。1931年7月的一个倾盆雨夜，孟小冬向梅兰芳提出了分手。她去意已决，心知自己最终还是逃脱不了被抛弃的悲凉下场，不想再不死不活地和梅兰芳纠缠下去，在人生这盘棋上，她走错了一步，已经满盘皆输了，已经回不了头了。她必须快刀斩乱麻，斩断这理不清的情丝。

　　其实做这样的决定并非那么轻易，她也是辗转反侧了无数个难眠的夜晚，才下定了决定。她终于明白，是自己太过执着，或许放手，会让一切变得更加简单。那苦苦纠缠不休的爱情，让她感到疲惫。她付出那么惨重的代价，终究不能获得郎君的一颗完整的真心。虽然她知道梅兰芳是爱她的，但他只有一颗心，分作两半，一半给福芝芳，一半给孟小冬。这也许是最理想的办法，但哪个女人心甘情愿这辈子都只能获得这半颗心呢？

"我今后要么不唱戏，再唱戏不会比你差；今后要么不嫁人，再嫁人也绝不会比你差！"

这是孟小冬离开梅兰芳时说的最后一句。那么决绝的话，就是他们四年夫妻时光换来的最后结果。从前那些温存和甜蜜早就撕碎成纷飞的纸屑，散落在一去不复返的天涯。

雨夜漫漫，小冬提着简单的行李，冲出了那高墙深院，向着自己的家跑去。她当初带着一颗追求幸福的心，简简单单地在这座清幽的深宅把终身托付给梅兰芳，却没想到，四年后，竟也单单薄薄、干干脆脆地转身离开。

分手的当晚，孟小冬离开了"金屋"后，梅兰芳坐在椅子上缓了一阵神，还是打了伞赶往孟家，外面雨下得那么大，他放心不下孟小冬。但是他赶到了孟家，看门人却不让他进去。

梅兰芳不想就此放弃，但伤心绝望的孟小冬已经不想再见到他了。于是他到旁边敲开隔壁的门，来开门的是小冬三弟的媳妇儿，她也是不让梅兰芳进去。后来经过小冬的三弟媳劝说，梅兰芳才打消了和小冬见面的念头，伤心、无奈地转身，却久久没有离去，在孟家附近失魂落魄地站了一夜。风萧萧，雨凄凄，伤你至深，此生要如何偿还呢？

他们之间的感情，犹如在空中断了线的风筝，追也追不回来了。

四年的夫妻情分，终究还是无疾而终。

回想当初孟梅两人情投意合，暗生情愫，但如果没有梅党的极力撮合，也许他们之间不过只是一段惺惺相惜的淡薄之情，就和那些匆忙相遇，互看一眼，然后彼此转身天涯的人一样，也许成为知己，但不会落入一段不正式的婚姻之中，导致如今痛苦分手的结果。

并不是想归罪于谁，只是平心而论，梅党在这件事情上，有着重要的关联。使小冬有如此决绝分手之举动的因素，就是梅党的多次商讨而做出的选择，而这选择，偏偏又被孟小冬知道。没想到，当初和福芝芳结过怨，还给孟梅两人做媒，并把公馆借予他们成亲的冯六爷，在孟、福二人之间，站在了舍孟留福的那一边。

冯六爷分析道："孟小冬为人心高气傲，她需要'人服侍'，而福芝芳则随和大方，她可以'服侍人'，以'人服侍'与'服侍人'相比，为梅郎一生幸福计，就不妨舍孟而留福。"

又是算计！当年他们不就是因为觉得孟小冬的超群技艺和梅兰芳结合搭配能够创造出更多的收益吗？又自觉他们是天造地设的一对璧人，想方设法卖力撮合，促成这段所谓的美满婚姻。但到了两人婚姻出现问题的时候，梅兰芳头疼不已、难以处理的时候，他们居然提出"舍孟留福"的主张。

两个人的婚姻，走不到生命的尽头，在中途分道扬镳，这当中会有很多各种不同的原因导致两人分手，家庭原因、个人原因、外界的舆论压力，等等，绝不是单纯的不爱了。但不可否认的是，他们的分合，梅党的中坚分子，是脱不了干系的。

再说那夜孟小冬决绝而去，虽然分手时那两句话掷地有声，可是回到娘家，心里一直坚忍着的最后防线，终是让她泪水决堤，哭得委屈。有人说，这世上最难熬的，不是等爱的过程，而是等爱消失的过程。眼下伤心欲绝的她，回想曾经的种种美好，以及如今的种种伤害，心如刀割。

　　她才二十岁出头，大好年华，本应是享受爱情的年龄，却早早尝尽了情爱中的五味杂陈，付出惨痛的代价，像被风雨摧残的花，碾落成泥。失恋，是她无法承受的重量。她开始绝食，没有了生的念头，想就此了结残生。

　　曾经那么倔强傲骨、坚韧淡定的孟小冬，在被爱情伤过之后，竟那么脆弱。也是，纵然在舞台上用男子的身份叱咤风云，但背后，她不过是个寻常女子，而且是个不想失了尊严的女子。如今青丝未白，却情丝已断，竟找不出任何一点活下去的理由。

　　可怜了家人，看着哀痛不已的小冬束手无策，怎么劝导，都不能为其减轻悲伤。反而使她拿起剪刀要剪断青丝。此处可见，被深深伤透的心，已经生无可恋。幸好亲戚好友的百般劝慰，义母更是跪地哭求，父亲也从病床起来照看，母亲跟着落泪相劝，用这浓浓的亲情挽回了小冬的生命。

　　终于顿悟的孟小冬，在家人面前断了寻死的念头，并要求他们从此不要提起曾经的那段婚姻。

　　经历了一番死去活来，无论是身体还是心灵都饱受折磨，以至于她后来身体再也没法恢复到从前的巅峰状态，胃病和头疼开始伴随她，直到生命的尽头。而此时此刻的她，虽然不再寻死了，身体也渐渐调理过来，但精神上的打击，心灵的受伤，还没那么快能够平复。

梅兰芳带给她的伤害居然那么深，也许是她曾用情至深，倾付所有，才会在关系破裂的时候伤得那么重。甚至对舞台生活心生厌恶。那是她曾经生命中最重要的过程，然而充满了太多和梅兰芳的回忆，又或是没有心思去唱戏了。尽管很多戏园来邀请她出演，她均拒绝了。

在家休养了一段时间，孟小冬又只身一人去天津，仍旧住在义母的亲戚家里，那个吃斋念佛的地方，她又开始焚香念经，寻求心灵治愈。

《天津商报》的一位记者沙大风，是孟小冬的忠实戏迷，就是那个当时梅兰芳带福芝芳去天津演出，孟小冬在父亲的建议安排下也到天津的春和戏园复出登台，对此极力宣传的记者。据载，他当时为孟小冬开了个专栏，文章中称小冬为"吾皇"但并未被世人认可和流传。

这个记者非常喜欢和钦佩孟小冬，当他得知小冬的婚姻受挫，从此堕落，诀别舞台，觉得非常可惜。他劝慰小冬，并对她说，当年既和梅兰芳拜堂成亲，后来人人皆知这段婚姻关系，如今既要分手，就得从法律途径解决，正大光明地让所有人知道这段婚姻的终结，以保自己清誉。

孟小冬听了觉得有道理，但她又不知如何处理。沙大风便向她推荐了上海一位叫郑毓秀的女律师。于是小冬决定到上海找这位律师帮忙解决这件事情。

到了上海的孟小冬先找到之前结拜的姊妹姚玉兰。此时姚玉兰已经是上海青帮大亨杜月笙的四姨太。据说自从1925年北京的一别后，孟小冬和姚玉兰就没见过面了，如今突然来访，姚玉兰感到意外和欢喜。当她得知小冬和梅兰芳的一段婚姻闹得不欢而散，又见到如今满脸憔悴的妹妹，感到分外怜惜。小冬将此次来上海的目的如实相告，姚玉兰听后，觉得打官司累人，便提议不请律师，让杜月笙出面斡旋此事。

杜月笙对于孟小冬的到来是非常欢迎的，记得那年他受黄金荣之托到京寻露兰春，走前曾专程上门拜访孟小冬，后来听说孟小冬嫁给梅兰芳，心里感到不痛快。此次重逢相见，小冬来得那么突然，他心中已猜到有事情发生。果然，孟梅的关系破裂了，姚玉兰请他出面帮忙解决。

这是一次博得孟小冬好感的机会，杜月笙欣然答应，况且这样的事情对他来说本就是小菜一碟。杜月笙当即给北平的梅兰芳打了一通长途电话。杜月笙和梅兰芳本来就有些交情，他告诉梅，孟小冬来上海找律师打官司的事，他表示，毕竟相爱一场，就好聚好散吧，事情闹大了谁也不好看，大家在社会上又都是有头有脸的人物，恐被人笑话，不如就让梅拿出三五万作为离婚的补偿费，从此二人脱离夫妻关系，再无任何牵扯，事情就这样了结了吧。

据说其实早在孟小冬提出分手的时候，梅兰芳就想给她一笔钱作为补偿，但当时小冬去意已决，十分倔强，不肯收梅的钱。但如今竟然闹到上海，还请了杜月笙来周旋此事。本应是两个人的事情，结果大家都插足了，梅兰芳心里不是滋味，他既不想得罪杜月笙，更不想失了自己的面子，便答应杜的要求，给孟小冬四万了结此事。

而这笔钱，当时由杜月笙替梅兰芳先出，然后梅再还杜。当时的四万相当于今天的八百万到一千万，梅兰芳由于之前访美和各种事情的开销，经济大不如前，为还这笔钱，他卖了无量大人胡同的那座住宅，加之各种原因，全家于1932年迁居上海。在1951年才又举家回到北京。

孟梅之间的这段关系，也算是真正的了结了。孟小冬和梅兰芳终是分道扬镳，划清界限，各自天涯。不过据孟家和余家的后人说，孟小冬当年没有要这笔钱。其实原因不难猜测，孟小冬真正想要的，不过是讨回一点公道，挽回一些做女人的尊严。

此时此刻的她，一定会想到当年师父说的话，虽然不中听，却也是有道理的。然而她还是执着地奔赴那场情事，最后遍体鳞伤。如今尘埃落定，一切都随风而去。然而布满裂痕的心，终究会成为这辈子不能再触碰的殇。

或许，有些感情，就像张小娴说的那样："曾经多情如斯，伤痕累累，才终于学会无情。有一天没那么年轻了，爱着的依然是你，但是，我总是跟自己说：我也可以过自己的日子。唯其如此，失望和孤单的时候，我才可以不掉眼泪，不起波动，微笑告诉自己，不是你对我不好，而是爱情本来就是虚妄的，它曾经有多热烈，也就有多寂寞。"

有些爱情，只能是花前月下短暂盛放，它抵不过纷繁的世事，抵不过无情的岁月，抵不过人心的多变，抵不过你和我的誓言。就像阳光下的泡影，有着绚丽色彩，却一触即破。有些人，也注定只能是进不可相恋，退不可相忘，仅此而已。

伍　信仰

孟小冬与梅兰芳的事情告一段落，此次的上海之行，小冬得到相对满意的结果，她从沪返津，于1931年深秋，受邀登台演出。据载，是沙大风主办的《天风报》发起的赈灾义演。息影了一段时间的孟小冬在春和戏园登台，天津的许多戏迷都来捧场。

虽然有段时间没登台，技艺许会生疏，但是小冬在舞台上的魅力还是不减当年。嗓音还是那个绝无雌声的嗓音，圆润清亮，极富老谭味道，令人百听不厌，非常受欢迎。

她在春和戏园演完义务戏之后，便去捧言菊朋的场，连续三天看他的戏。言菊朋是"旧谭"的领袖人物，自有一派言氏艺术，小冬曾得过言菊朋的指点，对他的技艺非常钦佩和向往，有意拜师。正好此次在津相遇，便趁机会，在沙大风的帮助下，得到言菊朋的答应。孟小冬非常高兴，准备选个日子正式拜言菊朋为师。

当时有报章杂志将这个消息刊登出来，大概是说，在许多京剧女演员中，唱老生的人，如今就数孟小冬最厉害、最有名气了，她的嗓音非常纯正，又有苍劲的力道，可以称得上是得天独厚。唱腔方面，非同凡响，神情做派，又不流于俗套，落落大方，不是一般的女演员可以相比较的。

可是孟小冬却非常谦虚地认为自己的技艺还不够好，想要更加进步，所以拜师深造。这次恰逢言菊朋来天津，并在春和戏园演出，小冬连续几天都去捧场，看了他的戏，深深被折服，于是这几天就请相熟的人介绍，想要拜言菊朋为师，向他请教技艺。言菊朋也觉得小冬是众多女演员中最出色、最有天分的，就欣然答应了。小冬已经专函邀请言菊朋，就快要选个好日子举行拜师典礼了。

小冬的谭腔，大都是琴师圣手孙老元传授的，这次又有谭派的专家言菊朋指点，她日后的事业一定会更上一层楼。

虽然拜师的事情已经决定好，就连报纸也煞有介事地刊出消息，但后来却没有拜成。其中原因也不是单一的。主要因为当时在北平的孟五爷病危，孟小冬心急火燎地从天津赶回去。从孟小冬还在为自己的婚姻闹得死去活来的时候，孟五爷就卧病在床。早年在舞台跌倒落下病根，后又奔波流离迁至北平，身体已经不胜负荷了。如今生命垂危，难逃命运的安排。

人固有一死，在面对一直疼她、爱她的父亲逝去的噩耗，孟小冬十分痛心。孟五爷和天下的父亲一样，给予她最深沉和厚重的父爱，在生活上处处为她着想，在事业上更是给她很多的帮助和支撑。在弥留之际，两眼相望，是否还记得曾经的那个意气风发的男子，身边牵着对京剧好奇和感兴趣的伶俐天真的小女孩，走过那长长的城墙，岁月在他们身后留下浅浅的影子。

父亲的丧事，让小冬拜师的事情搁置了。但还有一个原因，据说是言菊朋个人的原因。当然，他还是教过孟小冬正宗谭派的戏目，诸如《南阳关》、《捉放曹》等，但因各种原因没有举行正式拜师典礼。形式上的东西，其实并不是那么重要，虽无名义上的师徒关系，但有师徒之实。

孟小冬对戏剧艺术的追求可以说是非常热衷和坚持不懈的。除了向言菊朋请教，她还拜票友苏少卿为师。苏少卿是江苏徐州人，早年学过京剧，在谭派老生的表演上，颇有研究和成就，只是他不是专职唱戏，另有身份，为上海明星电影公司驻津代表。但孟小冬仍在1932年秋于饭店设宴拜师。

对于孟小冬拜师的举动，有些人不解，因为其实言菊朋当时在伶界的地位并不如小冬，苏少卿也并非是专业的。

但小冬却是这样认为的："三人行必有吾师，他山之石，可以攻玉。孔子曾教导他的学生要'不耻下问'，韩愈则认为'不耻相师'，就是说，任何人都不能把向别人请教学习当作可耻。韩愈在《师说》中还说道'圣人无常师'，是说一个人在成长的道路上，其投师可以不固定于一人。因为'闻道有先后，术业有专攻'，只要能在专业和技术本领方面对己有所教益，不论贵贱长幼，都应当拜他为师。"

小冬所言极是。

学习本来就是无止境的事情，就算一个人再厉害，再有本领，总是不能集千千万万的优点和才艺于一身。生活中每个能够给自己意见和指点的人，都能称之为老师。

从情殇的阴影中慢慢走出来的孟小冬，专注在戏剧的研究和追求中。就在一切时光似乎都好起来的时候，命运又一次考验了孟小冬。据载，天津一家报纸开始发表连载小说，用化名来讲述孟小冬和梅兰芳当年的情事，还把几年前冯公馆发生的那起命案重提，捏造事实，猜测怀疑命案由某坤角而起，含沙射影地把矛头指向孟小冬，说她敲诈了梅兰芳的钱财，等等。报纸一出，人们哪会理睬个中的内容是否真实，只被这绘声绘色的描写所吸引，谣言顿时四起，越传越离谱，完全扭曲了所有事实，事情朝着不可控制的方向发展。

本来放下这些旧伤尘事的孟小冬，仿佛被兜头泼了一身脏水，从前的伤口重新被掀开撒上一把盐巴，让小冬的身心又再次受到伤害。人言可畏，流言太可怕了。她想不明白，这件事情到底要什么时候才能放她一条生路呢？伤透的心，已经粘无可粘了，难道这纷扰的尘世，就不能给她一个出口吗？

漫天的流言还在旧社会的大街小巷肆意游荡。再受打击的孟小冬一蹶不振，完全没有心思继续研究戏剧，连舞台都害怕起来。人一旦落入迷茫中，就会想要寻找一根救命稻草。脆弱的时候，哪怕只是一点点的伤害，都会令人崩溃。

无奈又伤心至极的小冬，又再次向佛，寻求皈依。于北平拈花寺，拜住持量源为师，虔心拜佛忏悔前尘种种，以求心灵的一方净土，可以让自己情有所依。当然，她只是受了"三皈依"的礼节，成为佛教信徒，并不是真正的削发为尼，遁入空门。可以理解为只是心灵上的出家。

"婚姻不如意才促使我信佛的。"小冬曾这样说过。

信仰，对一个人来说是十分重要的，不一定是要受过什么伤害，才去寻找信仰。生活中有太多的不如意，一个人活下去如果找不到理由，至少要有一点心灵和精神上的信仰，才不会活得苍白，活得像行尸走肉。

　　孟小冬决定自此不再登台，用心念佛。而她拜佛和拜师一样，也是不固定于一家寺庙，据说北平市内多个佛寺均留下她的足迹。孟小冬总是那么认真用力地活着，对待戏剧，对待爱情，对待信仰的佛教，都那么诚心全意。她甚至影响了身边的人，比如曾拜其为师的言菊朋，他听说小冬皈依佛门，也仿佛顿悟，甚至剃了光头，披上袈裟，成了个和尚。他比小冬还虔诚呢。

　　做善事，结善缘，得善果。梨园界里很多名角儿都是佛教信徒，如谭鑫培、余叔岩，等等。

　　孟小冬看破红尘，放下一身繁华，诚心礼佛，选择遗忘旧日的一切纷扰时光，只愿岁月能够善待她，不要再摔碎那颗布满裂痕的心了。

　　虽说如此，但广大的戏迷观众，那些喜欢她、追捧她的人们，对孟小冬的息影感到非常可惜，他们十分希望再次目睹小冬在戏台上的风采，复出的呼声从未停止。这时候，有好友给她十分中肯的劝慰："那些小报的大做文章，只不过是为了吸引读者眼球，增加收益。那些虚构的陈年旧事根本就不能威胁你今后的生活，你又何必在意。这样自暴自弃的，日日在家焚香念经，别人更加会将那些无中生有的故事信以为真。你若是如此下去，当他们淡忘那些事情的时候，就会连你也遗忘。你还这么年轻，有着一身本领，为了那些无聊的报道，就这样放弃舞台，放弃你热爱的京剧，放弃所有喜欢你的戏迷，你觉得值得吗？"

小冬听了好友的话，如梦初醒，茅塞顿开。她觉得不无道理，自己好似有些作茧自缚、画地为牢了。回头想想，自己才二十几岁，正处最灿烂的光华，不应该再这样颓靡下去。父亲已逝，家中还有母亲和弟妹，作为顶梁柱的她不能再这样消沉下去，父亲在天之灵也会为她感到失望吧。

虽然有些触动，但一时间小冬也不知道该怎么迈出步子。好友便提醒她，以向世人公开的态度，把真相说出来，不要逃避也不要害怕，登报为自己申明，这样做才能掩住那些无聊小人的嘴巴。面对这样舆论的敌人，要正面迎击。就算自己被抛弃，也不能失了女人应有的尊严。

小冬觉得好友所言甚是，恍然大悟。她想，明明受伤的人是我，为何还要我受这些委屈呢？我本有绝色才貌和绝世本领，为何要为了一段已然流逝的往事，来放弃我的所有前程？是我之前太傻了！

想清楚的小冬，执笔而坐，青灯之下奋笔疾书，将往事种种以及心中所有感慨付诸笔尖，写下一篇题为《孟小冬紧要启事》的文章，于1933年秋连续三日刊登在天津《大公报》头版上面。

《孟小冬紧要启事》如下：

启者：冬自幼习艺，谨守家规，虽未读书，略闻礼教。荡检之行，素所不齿。迩来蜚语流传，诽谤横生，甚至有为冬所不堪忍受者。兹为社会明了真相起见，爰将冬之身世，略陈梗概，惟海内贤达鉴之。

窃冬甫届八龄，先严即抱重病，迫于环境，始学皮黄。粗窥皮毛，便出台演唱，借维生计，历走津沪汉粤、菲律宾各埠。忽忽十年，正事修养。旋经人介绍，与梅兰芳结婚。冬当时年岁幼稚，世故不熟，一切皆听介绍人主持。名定兼祧，尽人皆知。乃兰芳含糊其事，于祧母去世之日，不能实践前言，致名分顿失保障。虽经友人劝导，本人辩论，兰芳概置不理，足见毫无情义可言。

冬自叹身世苦恼，复遭打击，遂毅然与兰芳脱离家庭关系。是我负人？抑人负我？世间自有公论，不待冬之赘言。

抑冬更有重要声明者：数年前，九条胡同有李某，威迫兰芳，致生剧变。有人以为冬与李某颇有关系，当日举动，疑系因冬而发。并有好事者，未经访察，遽编说部，含沙射影，希图敲诈，实属侮辱太甚！

冬与李某素未谋面，且与兰芳未结婚前，从未与任何人交际往来。凡走一地，先严亲自己督率照料。冬秉承父训，重视人格，耿耿此怀，惟天可鉴。今忽以李事涉及冬身，实堪痛恨！

自声明后，如有故意毁坏本人名誉、妄造是非、淆惑视听者，冬惟有诉之法律之一途。勿谓冬为孤弱女子，遂自甘放弃人权也。特此声明。

半生的经历和曾经的那段所谓千古韵事，化为纸上的锥心字间。这篇饱含了小冬深切而又沉痛的文章，公开在众人的面前。她站出来对那些散布流言刺伤她、诽谤她的无聊小人大声呐喊，义正词严地为自己的名誉发声。

她向世人挑明，全因自己的年幼无知，才会轻易向人托付终身，本来以为能够与郎君携手走往天涯，然而是非弄人，世事无常，当初许诺的名分，不过是口说无凭，山盟海誓化为一汪泪水，流干在憔悴的容颜之上。

声明中提起兰芳的地方甚少，原意不在针对他，只是整件事少不了谴责他的无情寡义。这段感情的来龙去脉，总算在世人面前摊开。究竟是小冬负人，还是别人负了小冬，其实显而易见，她却没有明说，留给世人评理。她知道一切自有合理的公论。

红尘如梦，爱已成空，一切纷扰的世事，都该有个真正的了结。在爱情上败得一塌糊涂的孟小冬，不能在残生里继续任人蹂躏、欺负了。曾经爱过的种种，就算依然刻在生命中难以忘却，仍然要将它们都封存在记忆深处，然后继续朝前走。在面对爱情的伤害和各种打击时，虽然一时软弱得无处可躲，一再逃避，但终究看清一些尘事，悟出一些道理。面对一段不再复燃的感情，一颗已死的心，要学会拿得起，放得下。

我打江南走过

那等在季节里的容颜如莲花的开落

东风不来，三月的柳絮不飞

你底心如小小寂寞的城

恰若青石的街道向晚

跫音不响，三月的春帷不揭

你底心是小小的窗扉紧掩

我达达的马蹄是美丽的错误

我不是归人，是个过客……

用郑愁予的《错误》来形容梅兰芳和孟小冬这段已经逝去的姻

缘情事再适合不过了。对孟小冬来说，曾经以为的归人，不过是生命中的一个过客。他们的遇见，是一个美丽错误的开始。他们本身都没有错，爱情也没有，错就错在这是命运布下的网，注定让他们都失足跌落。

虽然这段情劫让小冬付出惨痛的代价，让她一世成殇，但也使她成长，成长为更加坚韧的女人。从前年幼无知，如今涅槃重生。那些曾经的曾经，都只在记忆里永恒。

第五辑

半世忧伤

壹 复出

有人说，生活本不苦，苦的是我们欲望过多；人心本无累，累的是我们放不下的太多。

在经过沧海桑田的变化，蚀骨的情爱之后，放下所有执念，时光会变得澄澈绵长，心亦淡然，继续朝着未知的前方走去。就算风雨依旧会来，就算前路可能还会坑坑洼洼，顽石绊脚，荆棘丛生，但你已看过岁月的刀光剑影，体会过毒酒般锥心的情感，时光会给你一次幸福的机会。

通过笔墨一吐为快的孟小冬，在发表了那篇重要的紧要启事之后，心口的一块巨石终于落地。对过去种种有了一份释然的心态。她依然是那个倔强清傲的她，不随波逐流，不苟且而活，不攀附强势，凡事认真，对得起自己的良心。

北平沦陷时期，中国第二大汉奸陈公博当时是汪精卫身边的大红人，他来北平，地方高官为他设宴款待，并传召一众名伶坤生前去唱戏陪酒。孟小冬被传召了。但她提了三个要求：只唱一段戏；不陪酒；唱完即走。

宴会席间，她果然只是匆匆去唱了一段戏，然后就打道回府。她不怕得罪高官，不屈于权势之下，不像其他阿谀奉承的坤伶那样攀附权势出卖色相。这样的性子，作为伶人，在当时旧社会里是十分吃亏的，会活得很辛苦，但她仍然初衷不改，不禁让人肃然起敬。

修养数日，重整旗鼓的她蓄势待发，决定东山再起，复出梨园，重新登上那个她非常热爱的舞台。彼时，北平政府已经取消了男女不能同台合演的禁令了，许多家戏园演出的戏目都有男女同台。如东安市场的吉祥戏园，就上演了一出《四郎探母》，孟小冬依旧饰演杨四郎，而铁镜公主则由坤旦李慧琴扮演。李慧琴是之前在堂会戏上有过合作的，算是小冬的老搭档了。上演当日，盛况空前，小冬余派唱腔，驾轻就熟，发挥得淋漓尽致，使一大批余派戏迷为之震惊和喜爱。

之前息影了一段日子的孟小冬，处理完私事，又开始专注于提升自己的技艺。她曾得余叔岩大弟子杨宝忠的指导。据载，杨宝忠因嗓音失润而改拉京胡。他每日到孟宅，给小冬拉琴吊嗓，指导她的唱腔。经过一番世事的历练，孟小冬不再是那个纯真的小女孩，在她听戏和记唱词、练唱腔的时候，终于能够体会每一曲戏里繁复迥异的感情了，再通过自己的演绎，更加传神和具有感染力。

除此外，她又拜鲍吉祥为师。早年在"金屋"隐居时，曾得鲍吉祥的说戏指点，但那时的自己还沉浸在爱情和文学兴趣上，淡了对戏剧的专注。如今有幸得而重新向他学习余派戏目，备感荣幸，十分谦虚和努力地跟随鲍吉祥练习技艺。1933年小冬在北平吉祥戏园复出的一场戏中，亦有鲍吉祥的助演。

重出江湖的孟小冬，此次以新攻的余派老生面目登台复出，令戏迷们耳目一新，她的技艺飞速进步，比以往更胜一筹，在台上的表演多了几分饱经沧桑的情感，这些都是来自她对人生的感悟，而融入了戏剧表演里面，真正做到了传神的演出。小冬也因此大获好评，大受追捧。

孟小冬在北平已复出登台的消息不胫而走，平津各大戏园都争相邀约。如今的小冬已不可同日而语了，无论是身段还是唱功，抑或是那洗净铅华的绝色相貌，和那清傲冷艳的性格，无不让观众们想一睹其风采。许多群众对她所公开的那段往事感到同情和支持，也为其戏剧上的魅力所折服。

1933年10月中旬，小冬受邀演于明星戏园三天，打炮戏分别为《四郎探母》、《珠帘寨》和《捉放宿店》。演出连日来都是场场爆满的，非常叫座。戏园门外的景象是人流和汽车蜿蜒不绝，此种盛况已是多年不见，令观众无不惊叹。小冬的唱腔极富余派韵味，嗓音清润，深受戏迷的好评和追捧。更有报章夸其才艺在余叔岩之上。

观众的热爱和如今的盛况，不禁让孟小冬有恍若隔世的感觉，似乎又回到当年初到北平的那些日子。那时师父仇月祥在身边日夜督促着、陪伴着，她演的每一场戏，都那么惊为天人。那时还没和梅兰芳有所交集，那时你我都是陌生人。如今岁月翻过了一页篇章，你我已经相遗忘于各自的江湖对岸。

缱绻的时光总会将我们的心变得平淡，宠辱不惊，闲看庭前花开花落，云卷云舒。放下一身的繁华，反倒得来美誉满天下。

但孟小冬不贪恋那些光环，她跟随着心愿，在平津不定期演出，一个月也就三两场。当时社会的变迁，京剧行业已处于悄然没落之中，平津的市场不那么景气了。但无论外边情况如何，小冬仍然不放弃自己的初衷。

孟小冬除了登台演出之外，在天津逗留的时候，偶遇有"汉口谭鑫培"之誉的谭派名票程君谋老先生。在记者沙大风的引荐下，她得已向程君谋请教谭派戏目。程君谋早年跟京剧乐师陈彦衡学过戏，票友中的"谭鑫培"，名气尤在谭富英之上，老生中除余叔岩外没盖过他的。

程君谋见小冬天资聪颖，天分极高，便悉心传授他的技艺。小冬向来是谦虚好学的，她依然拿出她的用功勤奋，将常见的谭派老生戏跟程君谋学了个遍。然后在一次为期三天的演出时，按程君谋所教的正宗谭派戏出演，并邀其登台伴奏壮胆。两人配合默契，相得益彰，被传为美谈。

此后的两年，孟小冬跟着自己的步伐前进，演戏和学戏之余，也不忘文学。据说她跟人补习古文，平日闲着的时候便泼墨作画或是练习书法。有时亦做些女孩子会做的事情，和隔壁义母家的两个女儿一起在门前玩耍，或者结伴郊游。

除了日常的演出外，孟小冬还参加一些义演。1935年夏季，全国范围内多个地方洪水为灾，上海成立了"筹募各省水灾义赈会"。杜月笙以慈善家的身份，发起这次活动，举办演剧筹款活动。同时黄金荣也无偿借出黄金大戏院，用来举办义演活动，预定演出一个月，所得票款全部捐给灾区人民。

这次义演名角儿荟萃。孟小冬当然也在演出名单之内。不过这次最令人瞩目的是杜月笙的四姨太姚玉英的出演。自从嫁给杜月笙之后，她就少有登台，加上她本身就技艺超群，所擅长的汪派老生戏已成绝唱。据记载，她这次除了连演《逍遥津》、《刀劈三关》、《哭祖庙》、《李陵碑》等几出老生戏之外，还串演老旦戏《钓金龟》，并与梅兰芳合演《降龙木》。义演的最后还和杜月笙合演了《落马湖》。

孟小冬则是在第二期赈灾义演时才从北平来津。她和章遏云同挂头牌，与一众名票名伶合演。章遏云，四大坤旦之一，拜王瑶卿门下，初搭雪艳琴班，后自行组班演出。她的生平往事也十分传奇，和小冬有相似之处，也有过一次失败的婚姻，曾嫁给北洋军阀之子，后觉深闺重锁，侯门似海，身心痛苦，在好友的帮助下，冲破这段婚姻的束缚，上演了一幕依法调解离婚的人间悲喜剧。后复出，演于天津春和戏园。

这次演出时限共为十二天，但小冬却因为身体状况不佳，而只演了八天，身体孱弱的她，不得不中断了演出。虽然演出的戏目多是吃重的骨子老戏，全本的《珠帘寨》和《四郎探母》等大戏，但她才二十七岁，不应该就这么病倒的。

但她终究还是负荷不过来，据说每演两三场，尽显疲态，要休息十余天才能缓过来。和以前相比，小冬的身体素质真的下降得厉害。二十多岁本来是生龙活虎、风华正茂的时期，怎料小冬的身体已经开始凋零了。

此时的她已经预感到自己的戏剧艺术生涯远景不祥。她曾对前来探望她病况的戏曲评论家许姬传不无痛苦地说："许姬老，我是从小学艺唱戏的，但到了北方后，才真正懂得了唱戏的乐趣，并且有了戏瘾，这次原定唱四十天，现在突然病倒了，我觉得此后不能长期演出，我的雄心壮志也完了。"

时间的流逝，终是让我们一步步变老，身体所能承受的和不能承受的，都决定着往后的生活。过早开放的那朵花儿，还是迎来了逐渐枯败的年岁。我们无法左右很多东西，比如变老，那是生命必经的过程。我们能做的就是珍惜上天给我们的这副躯壳，善待它，让生命走得足够长，足够我们去做自己喜爱的事情，去圆一个未完的梦。

这一病，孟小冬休养了将近一年。

待身体调理过来的时候，又是一年春节将至。

据载，1937年的农历初一晚，孟小冬演于吉祥戏园，唱一出一个小时不到的小戏《黄金台》。大年初一，人人都在家守岁，和家人共度时光，看戏的人自然很少。但小冬的那场戏还是座无虚设，许多喜欢她的戏迷都来捧场。小冬亦不负众望，虽是小戏，却也演得十分认真，超群的技艺又一次让戏迷观众深深折服。

这场戏过后，小冬又休息了一段时间，直到同年5月，受邀前往上海参加黄金大戏院重开的剪彩仪式。

1937年5月1日，上海黄金大戏院的开幕典礼非常盛大，聚集许多名伶坤生。当时最为瞩目的莫过于剪彩的三位女演员：孟小冬、章遏云、陆素娟。一般来说剪彩这种事情通常都会邀请社会名流或者是达官贵人，而这家戏园却邀请了三位社会地位不高但非常受欢迎的女演员，反倒获得好评。

这三位国色天香、光彩照人的女子，在全场的注目和掌声下，款款登台，为开幕剪彩。她们都是名噪一时的梨园美人，都有着绝妙的技艺，但同样也都经历过年少时惨痛的往事。相似的命运，让她们一见如故，惺惺相惜。她们表面的倾世繁华众人皆可目睹，但背后的那些被封建思想和制度所伤害，以及命运带给她们的各种刁难，却只能独自吞咽，或偶然相逢几个知己，诉诉衷肠，互相安慰。

章遏云此前与孟小冬在赈灾义演上合演过，上海的戏迷都很熟悉。而另一个美人陆素娟，却有些面生，但名字却不陌生。这是陆素娟第一次来沪，此前从未在沪登台表演过，这次也只是剪彩，并没有演出。名字不陌生是因为她是北平唱梅派戏红极一时的名旦，以及那沉鱼落雁、倾国倾城的美貌，人称"天下第一美人"。

陆素娟，出生于北平八大胡同里，自幼家境贫寒，误入青楼，因年幼时学过民谣，又有天分，只卖艺不卖身，成为青楼名妓。后来因才艺被人挖掘，培养为名旦。她十二岁学唱老生，曾登台串演过《珠帘寨》。后转学青衣，还做过梅兰芳的徒弟。但据说真正教她梅派戏的是朱桂芬。素娟学戏十分用功，天分极高，很快将梅派戏学成，表演起来和梅兰芳极为相像，有"女梅兰芳"之称。梅兰芳迁居上海后，剧团的原班人马留在北平帮陆素娟演出，一时红透半边天。

她虽被誉为"天下第一美人"，但袁世凯的女婿薛观澜，这位见识过很多名旦美人的剧评家，却认为最美的还是孟小冬。虽然孟小冬不入旦角，唱老生，每每登台都是脱尽女相，但幕后的她，却又是倾世的美女。

如此优秀的一个佳人，倾慕者当然不少。杜月笙就是众多倾慕者之中，最默默地守护，也是为她做了最多事情的唯一一个男人。据说黄金大戏院开幕剪彩，是杜月笙门下的人为讨他欢心，知道他喜欢孟小冬已久，特地邀请孟小冬来的。并且小冬这次来沪，没有和章遏云、陆素娟住在饭店，而是下榻姚玉兰的住处。

女人的直觉总是非常敏感和准确的。

姚玉兰早就看出来杜月笙对孟小冬的爱慕之情。她和小冬情同姐妹，眼下小冬已经不似从前那么单纯和无知，是一个经历过沧桑往事的女人，而且年纪也快到三十，还孤身一人，甚是凄凉。而且姚玉兰嫁给杜月笙后，和他那三个太太相处得并不愉快，遭到她们的排挤，所以没有搬进杜公馆，而是在外边另找房子，她感到自己势单力薄，正好孟小冬和梅兰芳离婚了，她便有意撮合杜月笙和小冬。

剪彩过后，姚玉兰留孟小冬住下，并趁机撮合了杜月笙和孟小冬。小冬在上海逗留了一段比较长的时间，期间和与杜月笙朝夕相处，感情慢慢地滋长起来。

经历过那些年轻时的风花雪月，那些轰轰烈烈、肝肠寸断的爱情之后，才学会要去珍惜平淡的幸福。

一个女人，最需要的或许只是一处可以停泊依靠、获取温暖的港湾罢了。

贰　拜师

　　在孟小冬这传奇的一生中，人们的目光总是落在她和梅兰芳的那段纠缠的恩怨情仇，或者是她和杜月笙之间的情深厮守。而提到她和余叔岩，只是简单的师徒，仅此而已。但对孟小冬来说，余叔岩是她生命中最重要的三个男人之一。没有他，孟小冬在京剧艺术上的造诣，也许只能到达红极一时的状态，并不能流传一世。

　　除了爱情和亲情，对小冬来说，京剧就是她最重要的事情了。而她一路走来，总是很幸运地得到许多悉心指导她、助她一臂之力的良师益友。姨父仇月祥的开蒙以及七八年的教导和陪伴，胡琴圣手孙老元的赏识和相助，鲍吉祥、程君谋的指点，等等。虽然幼时以孙派开蒙，但因为后来指点和传授的孙老元、鲍吉祥都曾伴随谭鑫培、余叔岩很多的时光，使她的戏路和唱腔也渐渐往谭余一派变化。当时梨园界有句话说"无声不学谭"，谭余一派有市场，在京剧艺术上也是占据很重要的地位的。老生戏当数谭派和余派最为成功了。

　　孟小冬对艺术追求十分强烈，她不仅限于单一的派别，就算自己已经是红遍全国的名角儿，在如此年轻气盛的时期，照理应该会演出不断，趁着机会赚钱，而小冬却决定拜师，继续追求艺术上的更高造诣。

她和余叔岩的缘分，也是冥冥中注定了一般。当年十八岁的她，偶得机会，顶替余叔岩，在堂会戏上和梅兰芳合演《四郎探母》，对那件事情，余叔岩心中是介意过的，一个黄毛丫头，居然能够顶替他的机会。后来她嫁给梅兰芳，余叔岩则一直以弟妹相称。当时她听了余叔岩灌制的唱片，对余派非常感兴趣，萌生了拜余为师的想法。不料那时诸多因素使她被余拒绝。

拜余为师的想法还是有的，只是世事的纷扰，使孟小冬无暇顾及，暂时搁置了。后来她拜言菊朋为师的时候，言自感技艺和小冬平分秋色，可指点的东西甚少，而且他觉得小冬的唱腔和戏路都和余叔岩十分相近，便建议她去拜余叔岩为师，但又因余的性格比较古怪，言无法引荐。

其实以小冬的实力和天分，余叔岩是乐意收她为徒的，但是碍于夫人的反对，只能一次次婉拒。为了拜余为师，孟小冬可谓三顾茅庐，等了十几年，才终于等来了机会。好事多磨，有些虽是早就注定的结果，却要你经历千重山万重水，才能到达那鲜花遍开的彼岸。

1934年年底，北洋政府陆军处长杨梧山从上海到北平，接风洗尘的宴会上，邀请了余叔岩和孟小冬作陪。余叔岩和杨梧山早年已是深交，关系非同寻常。孟小冬当时是平津当红的名伶坤生，出演余派戏，异常叫座，名噪一时。此次宴会她有幸能够见到崇拜已久的大师余叔岩，十分高兴，便抓住这个千载难逢的机会，又向他提出拜师的事情。

宴会上余叔岩仍以"弟妹"称呼孟小冬，孟小冬为了拜师，只是沉住气，毕恭毕敬地对待他。有人在旁帮忙，小冬也卖力地恳求。余叔岩这次并没拒绝，只是担心，因为内人刚过世，若小冬上门学戏，恐有不便，怕落人口实。在场的杨梧山便提议，让余叔岩每天到杨宅，给小冬说戏。余叔岩见众人都那么坚持，再推脱也没有理由了，便答应，只要他有精神，就去给小冬说戏。

拜师仪式就在杨宅举行，点了香烛，简单地拜过余叔岩，并没有对外宣传，小冬便成了余叔岩的弟子了。

此后的两三年，孟小冬若没有演出任务时，便时常在杨宅和余宅之间走动，碰到余叔岩精神好的时候就能听他说戏讲腔，也能排排身段，走走台步，但从未正式而系统地学过完整的戏。其实余叔岩是十分欣赏孟小冬的，他几乎是不收弟子的，认为当下很多上门请求拜师的艺人，资质都太过平庸，教了等于白教。而孟小冬不同，是可造之才，可以雕刻成价值连城的玉石。

1938年10月，余叔岩在北平泰丰楼正式收李少春为徒，隔了一天，孟小冬也趁这个势头，设宴正式向外界宣布她和余叔岩的师徒关系。就这样，孟小冬和李少春立雪余门，同时成为余叔岩的弟子，并一起学戏。

李少春拜师那年才十九岁，但据说他已经是一个能文能武、唱做俱佳的演员了。他的父亲小达子也是名角儿，从小便下重本培养儿子。而李少春也天赋过人，各种戏路都领悟得非常快，舞台上的表演颇有当年杨小楼的风范。当时他拜余叔岩为师，影响很大，甚至轰动梨园界。

　　虽然李少春和孟小冬同时投师余叔岩，但两人的结局却截然不同。两人都是非常杰出的人才，余叔岩当时虽然抱病在身，但也不留余力地倾囊相授。他拟定用五年时间，教文戏八出，武戏八出，每人最多教戏不超过十出。因李少春有武功基础，余先授以一出文武并重的老生戏《战太平》。孟小冬亦在旁一同习唱排练。

　　余叔岩教戏要求十分严格，每一个动作，每一句念白，都亲自示范，深入浅出地解释剖析，他们不懂的地方，他都不厌其烦地解说和反复示范，直到他们掌握为止。一出身段复杂的《战太平》，在一丝不苟和刻苦的练习下，李少春终于完全掌握其精髓，一个月后将此戏搬上了舞台。据载，当时海报上写着"拜余叔岩为师后初次公演"。演出当晚盛况空前，大获成功。

　　息影十年的余叔岩也亲自到场。

　　此次演出成功后，余叔岩对李少春非常看好，认为他能继承余派衣钵，于是又将余家祖传的看家戏《定军山》传授给他。有了前两出戏的基础，余叔岩又选了一出身段更加复杂和繁难的《宁武关》教给李少春。余叔岩既严于律己，也严于律徒，就算身段再复杂、再难以教会，他都鼓励学生不要轻易放弃，多加练习和揣摩领悟，绝不可随便糊弄过去。

　　李少春既聪明好学，领悟能力强，又十分讨余家人喜欢，余叔岩非常满意这个弟子，已经决定用五年的时间把自己毕生所学、所知全部地传授给他。但是事情往往不会朝着我们希望的方向发展，李少春迫于父亲和家庭生计等的压力，也仗着自己的年轻和超群的才华，未经余叔岩同意，挂着余派的招牌到处演出，出尽风头。

在余叔岩开始教戏之前，曾与孟小冬、李少春约法三章：教戏时，大家相互可以做旁听生，但到台上演出时不准互演对方的戏。但李少春忘了，没有遵守这个约定，在天津登台演出《洪洋洞》，海报上写着"余叔岩亲授"。《洪洋洞》是孟小冬向余叔岩学的第一出戏，李少春只作为旁听。余叔岩知道后，对于李少春未经他允许就随便到外面公演的举动感到非常不高兴，但也感到无奈，他知道李少春是家里的顶梁柱，全家大小都要靠他演戏养活。

虽然李少春跟余叔岩学戏时间不长，所学的戏目也不多，但就那几出繁难的戏，他也是地地道道地学到了余叔岩的真传，使他一生都非常受用。即使到了后来，他也算是没有辜负恩师的一片苦心，将余派艺术发扬光大，活学运用，推出了李派。虽然他的戏路驳杂，但不可置否他是一位全能天才的京剧艺术家。

再说孟小冬，她自拜了余叔岩为师，立雪余门后的五年里，几乎是不对外演戏，一心一意地向余叔岩学戏。她和李少春不同，她比较幸运，背后有杜月笙的支持，一直补贴她那清苦的生活开支，让她可以专心学戏。这种恩情似乎超越了爱情，杜月笙在背后为她遮风挡雨，也让心里孤苦的小冬得到一份安宁和温暖。而她能为他做的，就只是付出更多努力和心思，去学习，以回报他的支持。

余叔岩传授给孟小冬的第一出戏是《洪洋洞》。

《洪洋洞》是京剧中著名的老生传统剧目，来源于《杨家将演义》。故事讲的是宋将杨延昭打听得知父亲杨继业的尸骨被存放于辽邦的洪洋洞内，乃命孟良前往盗取尸骨。焦赞暗随至洞，孟良却以为他是敌将，用斧头将他劈死。当孟发现时，哀痛不已，后悔莫及。乃将杨继业和焦赞的尸骨一同交给老兵送回去，而自己却自尽于洞前。病中的六郎惊同盟耗，哀悼呕血，与八贤王和母、妻诀别而死。

这出戏小冬之前已经演过很多遍了，十分熟识，而且鲍吉祥和程君谋都指点过她这出戏，她自己在唱片里也听过好多次，便按照所学的一板一眼地唱了一段给余叔岩听。结果余叔岩一听就知道她从唱片上学来的，虽然唱得不错，但并未唱出其中的精髓来，学会的只是非常表面的东西。

孟小冬意识到余叔岩先生教戏真不是一个"严"字能够说明的。此前有多少求教于余门的弟子顶不住压力半途而废，如谭富英、陈少霖等，因此也有很多人不看好小冬，认为小冬很快也会受不了这种严教而放弃。但那些人无疑都低估了小冬的毅力，她没想过打退堂鼓，半途而废也不是她孟小冬的风格。这样的严格于她而言又算得了什么！

孟小冬就是这么倔强的女子，她认定要走的这条路，就一定会把它走到底。她心甘情愿地受这些苦，她也相信前方的路会有更美丽的风景在等着她。

余叔岩教孟小冬《洪洋洞》的时候，也让两个还在念高中的女儿慧文和慧清做旁听。慧文对戏剧不感兴趣，自顾自看书，而慧清则是比较乐意学戏的，但余叔岩并不要求她们唱戏，慧清也是在一旁看和听，然后自己学点皮毛，兴致来的时候自己唱两句过过戏瘾。

余叔岩教戏，不允许学生记笔记，而得用脑子记下来。小冬和慧清很亲密，慧清聪明，念书时学会简单的乐理，会用简谱记录京剧唱腔的方法。在孟小冬上课的时候，慧清做一些笔记，课余小冬就可以借用她记录的简谱，来复习和完善上课时学到的东西。可以说，慧清对小冬学戏帮助很大。

虽然小冬比她们两姐妹大了十多岁，但她们相处得很融洽，情同手足。据说余叔岩之所以让慧文和慧清旁听，是因为当时梨园界有这么一条行规：男教师教女徒弟，必须要有内眷作陪。他让两个女儿伴学，既守了这条规矩，防止了社会上一些闲言碎语，又能对付来自继室姚氏的醋意。要知道，流言是十分可怕的东西，它的力量大得可以令意志薄弱的人丧命。

叁 深造

　　时间静静地流淌，两个月过去了，孟小冬已经把《洪洋洞》掌握得非常熟练，在搬上舞台之前，多次在余叔岩的练功房"范秀轩"进行彩排，为了让孟小冬更加入戏，他还让慧文和慧清分别扮演戏里的柴夫人和杨宗保帮助孟小冬彩排。余叔岩要求一贯严格，唱腔若有不合适的地方，马上停下来，逐字逐句校正，直到他点头通过为止。

　　就这样，经过反复的排练，孟小冬终于算是合格，可以上台表演了。1938年平安夜那晚，新新戏园座无虚设，孟小冬主演的《洪洋洞》为大轴，并邀鲍吉祥扮演八贤王。

　　自从她拜师潜心学戏后，就几乎不登台，一些喜欢她的戏迷终于等来了这次机会，反应非常热烈。许多观众都对孟小冬刮目相看。仅仅两个月，在舞台上的她就能演得像余叔岩一样。无论是内行人还是外行人都一致称好，评价极高，轰动京城。

　　就算是获得成功和光环的孟小冬，还是那么的谦虚，她认为《洪洋洞》其实很难唱好，自己花了很多工夫都没学好，但其实她的能力已经得到外界的一致认可了。当时她的实力已经凌驾于很多名角儿之上，在老生界是非常优秀的，正是挣钱的好机会，但她却放弃眼前的利益，选择苦心钻研和学习余派艺术，这种品格是非常难得的。

当我们放弃了某些东西时，自然也会得到别的意想不到的东西。孟小冬在深造京剧艺术之路上并不孤单，她非常幸运地遇到一个琴艺了得，同时又品格高尚、善良忠厚的琴师，辅助了她数十年的岁月。此人名叫王瑞之，北京人，比小冬小一岁，原来是给言菊朋拉琴的。机缘巧合之下，孟小冬请他来吊嗓，此后就一直和小冬合作，连余叔岩都对他十分满意。

一个好的琴师对演员来说是十分重要的。据传当时艺人唱戏，他们的调门不是由自己决定的，而是由琴师说了算。一般的琴师都喜欢拉高调门，如果得罪了琴师，那么在台上会吃苦头的。据载，孙菊仙早年搭梅雨田的四喜班时，四喜班有两把好胡琴，一是孙老元，二是梅雨田。有一次孙菊仙因为抠门而得罪了孙老元，于是在台上演出时孙老元就给他涨调门，结果他唱得又累又不舒服，就跑去班主梅巧玲那儿告状。班主于是安排儿子梅雨田给他拉琴。梅雨田和孙老元私下交好，便替他教训孙菊仙，在台上的时候又拉了个高调门，让孙菊仙几乎张不开嘴。

由此可见，演员和琴师建立良好的合作关系是十分必要的。琴师对演员在台上的表演以及台下的练习都有举足轻重的影响。

王瑞之每日下午三点，就会骑着一辆黑色自行车，带着胡琴到东四三条的孟府，为孟小冬拉琴吊嗓，一般吊三个小时。傍晚六点的时候，他就留在孟府吃饭，大约八点，就会和孟小冬一起出门，他依旧骑自行车，小冬则坐人力车，大约半个小时即到余府，准时准点，无论是刮风还是下雨，几乎没有不见面的一天。

当时有这样一种说法，由于职业的关系，或因怕吊嗓时被别人偷听的缘故，余叔岩四十岁以后长期养成了"上夜班"的生活习惯，可谓日夜颠倒。

他每天黎明即睡，中午起床吃早饭，饭后到庭院里打水浇花，喂养鸽子，斗斗蛐蛐，稍稍活动一下，再回到北屋卧室"午睡"。

下午三时过后，即有客人陆续到来，他们先聚集到客厅饮茶闲聊，或观赏主人的花草虫鱼，或品评各种鸟食罐、蛐蛐罐之类的精美小玩意儿。到了上灯时分，叔岩起床和家人、客人共进晚餐。叔岩自家人不算太多，下人除外，不过四五个而已，但是每天中、晚饭时，总要另开一桌招待客人，有时晚餐一桌还坐不下。

在很多人眼里，总以为叔岩生性高傲，脾气古怪，人缘不会太好，因此平时也就不会有多少人往他家里跑。其实不然，他常对一些学生讲："青年人不能浮华，不能好虚荣，平时要处处谦虚、谨慎，做一个老老实实的人。'台上如猛虎，台下如绵羊'。"

他十分厌恶油头粉面的年轻人，他管这种人叫"油炸脑袋"，对那种不男不女、妖娆作态的年轻人非常反感，而且常常加以严厉的批评。

有位圈内人士说："余叔岩的脾气，很像一只猴子，要是他跟你合得来，说什么都行，假若合不来，说什么都不行。"这话说得一点不错。陈少霖是他内弟，合不来时非骂即打；杨宝忠明明是向他磕头拜师的学生，后来他竟然不承认有过这个徒弟。实际上，余叔岩也是很爱交朋友的，特别在病后休养时期，他的家里，人来人往，经常高朋满座，而且客人中三教九流，各种职业的都有，既有文人墨客，也有贩夫走卒，更多的则是同业内行，还有临时从外地来访的朋友。只要和他对上脾气，爱好相同，都可以成为椿树头条余府中的座上客。

余叔岩的为人，对待年轻人的态度，他虽然严厉，但是却处处为人的前途着想。他也并不是那种高高在上的人，并没有仗着自己在梨园界的地位而看不起别人。

在琴师的陪同下，孟小冬每晚八点准时到达余府。而从上文可知，这时候余府是最热闹的。余叔岩晚饭会在书房练一会儿书法，然后在卧榻上躺一会儿，吸吸烟，然后才会到客厅吊嗓。据说为余叔岩吊嗓的琴师分为中早晚，分别是李佩卿、朱家奎和王瑞之。在他吊嗓的期间，余府大门外的那些小巷胡同总是站满了人，很多余派戏迷聚在那里，为了听余叔岩吊嗓，有的甚至搬来板凳抢最好的位置，胆大的爬上墙头或屋顶，据传还有的人买通门房，挤在过道里偷听。

这种景况，有点像现代社会中追星的景象。在京剧界来说，余叔岩的确是大名鼎鼎的大明星，受到追捧和热爱是意料中的事，但没想到会有如此的景况。

据说在偷听的人当中，有个人后来居然以余派特色活跃于舞台上，此人名叫杨宝森，虽然他比较全面地继承了余派艺术，但却由于各种原因而没有成为余叔岩的入室弟子。

余叔岩吊嗓结束后，便和客人喝茶聊天，直到子夜才把所有客人一一送走，然后到北屋的练功房"范秀轩"开始教戏。夜幕已深，此时小冬的学习才刚开始。

　　余叔岩在京剧上的追求可谓精益求精，对待弟子也是一样。有一次，小冬在屋角见到有几根各种颜色的马鞭挂在那儿，一时兴起，便顺手拿起一根，对着镜子做扬鞭的动作，那是戏里的身段。余叔岩进来后见到，就叫她表演一下《武家坡》里薛平贵出场时那些动作。《武家坡》对小冬来说熟悉得不能再熟悉，已经演过好多次，所有动作都似本能那样，她觉得老师的要求太简单了，但还是认真地走了一遍，然后问老师怎么样？

　　余叔岩看后，摇着头，对她的动作表示不满意。孟小冬以为自己有哪个地方没走好，就又走了一遍，但老师依然摇头，她连续走了三次，余叔岩都不满意。孟小冬并没有气馁，仔细研究了一下手上拿着的马鞭，观察每一个细小的动作，想要找出自己出错的地方，却完全没有头绪。所谓旁观者清，她转头去问旁边的琴师王瑞之，她有哪些地方错了，但王瑞之也看不出哪里错了。

　　余叔岩笑了，他对小冬说："你的身段、步位都没有错，错就错在眼睛里没有神，心里也没有人。"孟小冬听完，似懂非懂的，有些茫然。余叔岩接着又说："演戏不能只靠唱功和身段，虽然那是最重要的，但你要演得好，就得研究戏情戏理，学会揣摩角色的心理，薛平贵离家十八载，好不容易回到投军前的寒窑所在地武家坡，他当时恨不能立刻见到妻子王宝钏，你得把他那种急切的心情表现出来。一个好的演员，只有心中有人，眼里才能有神。我经常说的在表演上要想有人有戏，就得有人有神，就是这个道理。明白了吗？"

可见，余叔岩对于戏剧中的每个眼神和表情都对孟小冬要求十分严格，并且他是一个对表演细节很注重的演员。

孟小冬年幼学戏，虽然在台上的表演都得到观众的好评和追捧，但她那时还是个不谙世事的女孩，所能做的就是将师父所教的一板一眼地学下来，然后搬到舞台上，唱腔和身段自然是无可挑剔的，但在表演时的神态，是要对戏目的内容理解透彻，以及抓住角色的感情，然后进行演绎，才能真正做到像余叔岩所说的那样"有人有神"。

虽然说余叔岩所教的戏大都是小冬早就学过和表演过许多次的，但每一出戏里面的真正的精髓，小冬还是得从零学起。

余叔岩教小冬的第二出戏是《捉放曹·宿店》。

此戏是小冬以前在台上演过最多次的戏之一，同样也是经过程君谋和鲍吉祥等良师益友的指点。

但是到了余叔岩这里，他当然是用他的"余式教学法"，要小冬摒弃以前所学的，重新开始一点一滴地学习。由小冬先唱，然后老师逐字逐句校正，一段中如果有个别字口劲不对，就不往下教，这一段就得反复练习直至通过，就算是花一个星期也好，都只是练这一段练到过关为止，往往一点要反复练习百遍以上。这种简单、枯燥的方法，一般的学生如何忍受得了！

而她孟小冬偏偏不是一般人，她骨子里向来清傲倔强，想要学会的东西，无论再难再苦，也一定不会轻易放弃，咬紧牙关，坚持不懈地攻破一切障碍。她的毅力是惊人的，学习能力也是超群的，即使天分再高，再聪明，有些过程还是必经的，有些苦头还是必尝的，有些难关还是必须去克服的。

当我们在学习某样知识或技能的时候，遇到难关总是会首先冒出退缩和放弃的念头，如果内心不够坚定，没有毅力，就很容易被这些消极的念头打败，然后选择了退缩和放弃。然而要想学有所成，就一定要知难而上，锲而不舍，克服面前的重重困难，才能取得成功。所有人都一样，不论是天才还是庸人。

孟小冬在余府学戏的这五年时间，非常用心，学会了近三十出戏。其中的十出：《洪洋洞》、《捉放曹》、《搜孤救孤》、《击鼓骂曹》、《失空斩》、《武家坡》、《乌盆记》、《二进宫》、《珠帘寨》和《御碑亭》都是经过余叔岩亲自示范唱腔身段，逐字逐句反复斟酌练习教会的。还有一些，大约十来出，是余叔岩病重时躺在床上断断续续指导的。

孟小冬领悟力强，又有扎实的底子，就算老师只在病榻上用手比划讲解，她也能一点就透，快速掌握要领。据说小冬是余叔岩所有学生中学戏时间最长的，得到余派真传最多的人。

她付出的精力和努力，都是大家有目共睹的，后来《立言画刊》的记者在一篇文章中对小冬做出了极高的评价："冬皇无一日，无一时不为艺术而奋斗。素日对任何事均颇消极，遑论婚事。曾一再表示个人志愿每谓绝以演戏为终身职业，抱独身主义孝母养亲，不作其他之想矣。此种清高之人格，实良可钦佩。今日鬼蜮之社会，求诸如孟之伟大女性，鲜矣！"

孟小冬实在也称得上是一位伟大的女性，是一位伟大的京剧艺家。民国时期人才荟萃，无论是在哪个领域，总有许多出色的女性。但这些女性大多数都被其美貌或者爱情和婚姻上的各种纷扬色彩所掩盖。真希望逝去的流年岁月里，小冬的所有光芒，不论是感情上，还是京剧艺术上，都能被世人看清。

肆　诀别

生命的这趟旅程，走着走着，总会到达终点。每个人的终点都不同。在这纷扰的世间，一路跋涉的旅途，也许我只是你的过客，而你却是我终点。

余叔岩陪伴孟小冬走了五年艰涩而又充实的时光，孟小冬却陪他走完了人生最后的日子。在这趟人人必经的路途上，我们相遇相伴，但总有一天要离散的。

在孟小冬做余叔岩的入室弟子的这几年，余叔岩已经息影在家，不能再登台唱戏，病痛一直折磨着他，直到这位半百的京剧大师遗憾地告别这个值得留恋的尘世。有谁不想活得长久些呢？只是年轻的时候，我们谁也没想过，自己会以什么结局和姿态来向这个世界告别。

余叔岩是病逝的，这跟他年轻时就把身体弄坏脱不了干系。据说他年轻时学戏耗去很多精力，不注意休息，常常过度劳累。才二十岁的小伙子，每次演出后累极就出现尿血的情况，但他又不多加注意，直到吐血倒嗓，才意识到身体安康的重要性。他不得不放弃舞台，留在家里调理身体。

他的岳父陈德霖曾语重心长地对他说："戏班里有句古训，叫作'一个戏子，半个和尚'。你既想当角儿，就要懂得如何珍惜自己的身子和嗓子，除非你别干这一行。"

不错，身体是革命的本钱，连身体都顾不好，还怎么去为梦想、为事业、为成功奋斗呢？岳父的教诲令余叔岩顿时醒悟，他静心调理身体，勤快地练功喊嗓，并拜谭鑫培为师，专心练习，技艺进步飞快，嗓音渐渐好转。正式复出后，和梅兰芳、杨小楼等著名演员合作，演出盛况空前，从此名震京城，和梅、杨三人并称"三大贤"，为梨园界老生、旦角、武生的最高艺术水平，也被誉为"老谭再世，谭派第一传人"这样至高无上的荣耀。

三十岁左右的那段时期，是他京剧艺术上最鼎盛巅峰的时期了。就在当时，很多制片公司邀请他灌制唱片，他的大部分唱片都是在那时录的，不仅在中国红，还畅销至海外。但风光的日子并没有持续多久，身体又开始闹毛病了。据载，在一次演出之前，他化好妆，穿好戏服，却想小便，但是因为嫌脱下行头太麻烦，又急着上场，就忍住了。他一直忍到演出结束才去，但竟然排不出尿来，只好到医院去疏通，尿血的情况又频频出现了，连嗓子也哑了，又只好暂时息影，接受药物治疗，留在家里休养了一年多，身体才恢复过来。

余叔岩在盛年时期，本应活跃舞台，发光发热，却因病缠身，而不得不一次次被迫放弃登台的机会。日渐衰退的身体，让他在戏剧艺术之路上走得匆忙又坎坷。

不过尽管他因身体抱恙而几乎登不了台，但仍然有一大批的观众戏迷追捧他。1934年秋天，余叔岩的家乡湖北闹水灾，当地举行了义演，他虽带病在身，却也参加了演出。因多年没登台，演出消息一出，票就马上售空了。演出当晚的盛况也是非同一般的。然而演出结束后，他的身体又出现了状况。

如此反反复复、难以根治的病情，导致他的舞台生涯早早结束。1937年春天，因挚友生日，他演了一出《失空斩》。这是他最后出演的一场戏。

是年4月，为了根治尿血之症，和家人经过一番商量决定，前往北平级别很高的德国医院接受治疗。据说当时德国医生确诊余叔岩患的是膀胱癌，但表示不用开刀，只要用仪器治疗即可。当时的人对"癌"的意识不强，以为只要把肿瘤吸走就能痊愈。经过两个月的治疗，终于脱离危险。余叔岩十分感激医生，亲自挥笔写下"救我垂危"的匾额送给医院，还设宴招待一众医务人员。

此后一年多时间，余叔岩身体状况尚可。就在那个时候，李少春和孟小冬立雪余门，成为他的入室弟子。

但往往世事难料，1941年初夏，余叔岩的病情加剧，家人马上将他送到之前的那家医院，可惜的是当时为他治疗的德国医生已经不在北平。于是他换了一家医院治疗。经过详细的检查和化疗，确诊为恶性肿瘤，必须马上动手术进行切除。主刀的谢大夫惋惜地说，如果当时早些开刀，就能治好了，用仪器吸，反倒使肿瘤生长得更快，变成如今的恶性肿瘤。

在进行手术之前，余叔岩其实非常紧张，而且很悲观，觉得自己会死的可能性很高。他还向家人提出要先立好遗嘱。谢大夫是个广东人，他用不标准的普通话安慰余叔岩说："请您放下，只要把毒瘤割掉，手术成功，您又可以登台唱戏了。"

余叔岩不懂粤语，没有完全听懂谢大夫的安慰，还误以为要请他清唱一段。于是他赶紧支撑起病重的身体坐起来，张口放声而唱："平生志气运未通，似蛟龙困在浅水中。有朝一日春雷动，际会风云上九重。"他虽然用尽了力气来演绎这两句慢板，但因为嗓子已经很哑，甚至有些颤抖，什么立音、亮音全部使不出来。

谢大夫和护士以及周围的家属亲友全都吃了一惊，孟小冬和余二小姐面面相觑，正要上前告诉他是听误会了，但他唱得那么认真，谢大夫摇手向她们示意，不要去阻止他，让他唱下去。余叔岩勉强把《击鼓骂曹》第一段的四句原板唱完。周围的人都心酸地向他报以掌声，而孟小冬非常难过，竟泪流满面。

在生命的尽头，他仍对京剧那么热爱、那么不舍，实在令人钦佩。

这次手术非常成功，出院后的余叔岩在家休养，医务人员定期到府上给他消毒清理患处。家人尽心尽力地侍奉着，孟小冬亦日夜陪伴在左右。精神好些时，他会到户外去走走，琴师王瑞之依然每天来家里给他吊嗓。

那段病重的时期，余叔岩仍然燃烧着自己所剩不多的光芒，去为孟小冬的京剧艺术之路照亮一寸前进的土地。他身体非常虚弱，却仍然忍着病痛，为小冬示范繁难的身段和唱腔。小冬心里非常感激，能做的就是努力学戏，尽心侍奉。这段师徒之情，因为在苦难面前，显得更加珍贵。

余叔岩的身体有些起色，似乎渐渐好起来的样子。椿树头条街的余宅，又恢复往常的热闹和喧嚣。宾客每日都来，聊天喝茶，切磋技艺。

如果时光和一切，都能忘记这病痛的存在，让生命就这样静静地走得更远，也许我们就少了很多的遗憾和不舍。但可悲的是，生命的长短我们不能够掌控。六道轮回，在生老病死的面前，我们总是无能为力。所谓的人定胜天，不过只是绝望时的精神寄托。

春暖花开的日子总是太短太短，余叔岩的有所好转的病情只维持了一年多。这一年多里，外边的时局动乱不安，战争和病痛一样使人们惶恐和离散。1943年春天，余叔岩的病情复发，并突变严重。当时谢大夫以及之前的一些医务人员因为战事已经逃走避难了。病重的余叔岩只能由家人带去相熟的医生家里进行简单的治疗，维持着奄奄一息的生命。

也许他早就意识到自己活不长了，只是有太多太多的东西牵挂着，放不下。比如那六岁的小女儿慧龄，比如那即将成为寡妇的继室姚氏，比如他最得意的弟子孟小冬，又比如那如同生命般重要的京剧。可是无论多么留恋这花花世界，死亡依然不会对谁网开一面。

春风冷冷潇潇，吹走了京剧大师孤败凋零的残生，在病床上只剩那么一口气的余叔岩，在弥留之际，把小冬叫到身边，对她说："我传授你的每一腔每一字，都已千锤百炼，也都是我的心血结晶，千万不可擅自更改！"小冬含着眼泪重重地点头。余叔岩在生命即将随风散去的时候，还念念不忘对他的爱徒做最后的教诲。

是年5月19日，余叔岩终是挺不过病魔的纠缠，经相熟的医生抢救，但已生命燃尽，撒手人寰。享年五十四岁。

余叔岩病逝的消息瞬间震惊梨园界。许多挚友和同行纷纷赶来为其送行。梅兰芳惊闻噩耗，十分悲痛，含泪亲书挽联托人送往公祭现场。曾经的入室弟子李少春，中断所有演出，脱下戏服一路大哭奔到灵堂，为其守夜。公祭现场，前来吊唁的人带着悲伤的心情向余叔岩的遗像鞠躬行礼。而余叔岩的继室姚氏悲痛大哭，在灵柩前跪拜完之后，于众人面前将余叔岩的几大包遗物烧毁。

据说，这些遗物不是普通的东西，都是余叔岩生前的祖传戏本、曲谱，等等，可以说是凝结了余一生的心血，却被姚氏付之一炬。她认为这些都是余生前喜爱的东西，如今余死了，当然要烧给他，让这些东西陪葬。其实她这样做是有原因的。

"叔岩在生前自己没有烧，也没有关照要留给谁，我们家又没有学戏的后人，所以我现在这样做，是天经地义。也省得落到别人的手里。"从姚氏的这番话，很显然能听出她是针对孟小冬的。她所说的"别人"，就是指孟小冬。

其实在孟小冬拜余叔岩为师的时候，姚氏就十分不高兴，心生莫名的忌妒，不想余传授技艺给孟小冬，更不想这些对余生前来说很重要的东西流传到孟小冬手里，便借此机会报复，将这些本来能够成为价值斐然的、对京剧艺术有着重要研究价值的秘本一把火烧掉了。她的偏执和狭隘的心胸确实令人感到失望。

小冬看着老师的所有秘籍都被熊熊燃烧的火焰给吞噬，心里的痛心和无奈，使她哭得更悲伤了。她此刻除了哭，也不能做什么了。恩师的离世，对她来说又是一件很受打击的事情。曾经那些刻苦努力学戏的画面，又一幕幕地在眼前回放。时光总是那么残酷，岁月也依旧那么无情，带走她身边的人和事，推着她向前。

法源寺的公祭现场，挂满了挚友和同行熟人亲书的挽联，随着萧萧的风飘扬着，为这位京剧宗师送行。

梅兰芳的挽联是：

缔交三世，远武同绳，灯火华堂，赞乐独怀黄幡绰

阔别七年，赴书骤报，风烟旧阙，新声竟失李龟年

李少春的挽联是：

教艺术心必期忠，品必期高，业必期传，每念深思痛无地

论孝道疾不能侍，衾不能承，志不能继，空负厚望恨终天

张伯驹（知交好友）的挽联是：

谱羽衣霓裳，昔日偷听传李谟

怀高山流水，只今顾曲剩周郎

据载，张伯驹先生晚年又将此挽联写成一首七言绝句：

十年一梦是终场，死别生离泪夺眶。

流水高山人不见，只今顾曲剩周郎。

孟小冬的挽联是：

清才承事业，上苑知名，自从艺术寝衰，耳食孰能传曲音

弱质感飘零，程门执帚，独惜薪传未了，心丧无以报恩师

这些挽联细细读来，还是小冬的那句"心丧无以报恩师"最感悲痛凄凉，道尽她心中的所有悲伤，有种哀莫大于心死的感觉。那五年的时光，所学会的满腹才能，因为恩师的离世，而被闲抛。她以"为师心丧三年"为由，不再登台演出。加上时局的动乱，国家正处兴亡一线，她更加无心演戏。

此时的孟小冬，已经历过爱恨情仇，生离死别，无论是舞台、感情，还是那茫茫的未来，她似乎不再像从前那样，满怀的激情和美好的憧憬。她已看遍了尘世的一切哀伤，她已捕获她需要的才学，如今她渴望的，也许只是安稳的半生，不用再飘零，不用再大起大落，大喜大悲，只求那乱世的一处桃源，安身立命，与漫漫的岁月，静静对望。

伍　义演

"千古江山，英雄无觅，孙仲谋处。舞榭歌台，风流总被，雨打风吹去。"

那华夏上下五千年的历史长河，总有那些令人无法忘怀的兵荒马乱，那些金戈铁马，踏碎佳人的一夜美梦。

余叔岩逝世后，孟小冬谢绝舞台，息影家中。当时北平的时局不太稳定，正处抗战时期，有许多名伶坤生在国家危难当前，以自己一颗精忠的心，维护了国家尊严。比如四大名旦之一的程砚秋，他在北平沦陷的时候，拒绝登台表演，到郊外过起务农的生活。又比如梅兰芳，拒绝为日寇唱戏，而蓄须明志。

直到长达八年的抗战，终于宣布了胜利，日本投降并彻底消失在中国的土地上。当时为了庆贺战争的胜利，孟小冬和程砚秋合作，在广播上合唱一出《武家坡》。消息一出，许多戏迷都非常振奋和高兴，两个许久没登台演出的名角儿多年后在广播里亮声，实在难得。不过据说当时孟小冬身体抱恙，唱不了完整的一出戏，只勉强唱了一句开头"一马离了西凉界"，就离开电台回家休息去了，下面的部分则由杨宝森接着唱。

才三十多岁的孟小冬，许是年轻时太过拼命和劳累，加上情殇和其他纷扰的事情，导致她的身体渐渐衰弱。不过当时的她，容貌和气质都还是倾国倾城的。她和杜月笙的感情并没有像那些轰轰烈烈的爱得死去活来的激情，而是像绵长的河，涓涓细流，情深至极。杜月笙用一生来守候这份至善至美的爱情，付出了他的一颗真心。孟小冬最终还是被他打动，厮守在他身边。

看起来好像很伟大，其实，只不过是人与人之间最简单、最温暖的陪伴。最好的爱，就是陪伴。有人认为，孟小冬还风韵犹存，以她的美貌和才华，不应该配一个比她大十多岁的老头，但又有多少人明白孟小冬真正的想法呢？或许她只不过是想要一份简单的爱情，一个可以依靠的温暖港湾而已。平平淡淡的感情和生活，才是经过爱情过滤后的最珍贵的东西。又或者，她还记得当年自己离开梅兰芳的时候，信誓旦旦地说过的那些话，她不是说再嫁也嫁一个绝不比他差的人么？也许对她一往情深的杜月笙，是最合适的选择了。

再说杜月笙，虽然世人总是认为他是一个青帮大亨，就会坏事干尽。不可否认，他做人做事的一些手段是十分狠毒，但他却是个爱国之人。

"七七"卢沟桥事变爆发后，淞沪抗战也随之爆发。蒋介石看中了杜月笙在上海的势力，便利用他，给他冠个官衔，一腔爱国热血的杜月笙，以为自己得到重用，有了抗日救亡的满满激情，他甚至把自己的烟瘾戒掉了，还改过自新，收掉了许多赌场和烟馆。

上海沦陷后，杜月笙逃往香港，姚玉兰和几个儿女也先后到港与他会合。据载，当时蒋介石的国民政府也随着多变的战局而撤退到重庆。后来日军偷袭了珍珠港，太平洋战争爆发，香港也沦陷了。杜月笙和家人又逃至重庆。

1945年，残暴的日本敌人终于宣布无条件投降，长达八年的抗战胜利了。杜月笙回到了自己的地盘上海。据说蒋介石利用完杜月笙，就将其抛弃了。为抗战贡献了不少力量的杜月笙，到头来连一官半职都没捞到。所幸的是，回到上海后一切家产和帮会组织都完好无缺，他又可以重整旗鼓，继续做他的青帮大亨。

杜月笙刚从重庆回到上海的时候，姚玉兰和儿女们尚在重庆。那时交通还没恢复正常，他们一时半刻回不来。而此时，杜月笙想起了近在北平的孟小冬，对她非常想念。战乱时期，儿女情长都须抛诸脑后，当一切尘埃落定，却又想起那多年不曾见面的佳人。杜月笙马上命人挂了封快信让孟小冬速来上海。

小冬获知杜月笙已平安无恙回到上海，心里也非常激动，收到信后，便从北平乘火车到沪。杜月笙早已命亲信准备好轿车等在车站迎接。小冬下火车之后，就直接前往杜月笙所住的公寓。

时隔经年，许多往事在两人的面前迅速飞过，岁月爬上了你我的脸上，但那眉梢间的柔情和温存却从不曾逝去。将近四十岁的孟小冬，虽然略显病态，但她还是那么美丽，气质如兰，眼神明亮，瞳孔里倒映着杜月笙饱经沧桑的却又含情脉脉的脸庞。

在杜月笙的照顾下，孟小冬留在上海和他一起生活。据说当时琴师王瑞之也在上海。春去夏来，在重庆的姚玉兰经过了数月的辗转和颠簸，终于拖儿带女，回到上海。一路上的艰辛和不顺，让姚玉兰感到非常委屈和生气，回到上海后，她当然第一时间想和丈夫抱怨撒娇，怎料小冬却在，并且杜月笙的心思都放小冬身上，冷落了她。

姚玉兰为此感到十分伤心，怪就怪自己当初傻乎乎地撮合了他们。一个是自己深爱的丈夫，一个是自己多年之交的好姐妹，这让她不知生气好还是不好。

敏感的孟小冬马上觉察出姐姐的不悦，这些日子，她见到了杜月笙，也和他度过了非常甜蜜美好的时光，如今时局渐渐恢复安稳，她也不作长留的打算了，便提出回北平。杜月笙一开始不愿放她走的，但小冬去意已定，怎么都无法挽回。他能做的，就是在物质和经济上给予她足够的照顾。一切打点好后，杜月笙依依不舍地送别了孟小冬。

几个月后，杜月笙即将迎来他的六十大寿。很久没有举行过堂会戏的他，想要好好地隆重地操办一番，但又有所顾忌，当时国内好几个地区闹水灾，经人建议，以贺寿以及赈灾筹款的名义举行一次盛大的义演。

杜月笙的六十大寿，当然不少得邀请他日思夜想的孟小冬。此次邀请，还是姚玉兰亲自写的信，顺便化解了之前的不愉快。姚玉兰和孟小冬都不是那种心胸狭隘、为一点小事就斤斤计较的人，她们彼此间的姐妹之情一直维持到人生的尽头。

孟小冬来到上海后，当然也要参加堂会戏的演出，为了方便起见，她住进了杜公馆。此时的杜公馆，已不像当时那样住着那三房太太了。杜月笙的原配夫人沈月英已在十年前过世了，第二夫人陈帼英仍住在杜公馆，而第三夫人孙佩豪，自从姚玉兰进门后，她一气之下带着儿子和佣人移居美国没再回来。孟小冬来沪，杜月笙命人重新把空出来的房间装修一番，让她住了进去。

此次堂会戏，孟小冬已经决定要演《失空斩》和《搜孤救孤》这两出戏。但后因身体欠安，不堪重负，而《失空斩》戏码太大，小冬恐身体支撑不住，就改为将《搜孤救孤》连演两天。

戏久不动就生，为了此次的演出，小冬三个月前就开始在杜公馆排练。若是年轻的时候，就算是没演过的戏，也能几个小时速成，然后马上登台，并且还能受到观众的好评。但如今已经时隔数年没登台，倒不是因为技艺不如从前，而是她谨记着余叔岩教导的话，必须把功夫练习好，才能上台演出。她从来都是把演戏当成生命般重要。

此次义演原定五天，但许多因战乱久不登台的名伶坤角因此次义演，将重新站上阔别已久的舞台，许多观众戏迷得知消息，从各地赶来捧场，戏票早就抢售一空，更有大批黄牛将票价炒至比米价还要贵。应观众的需求，最后将演出延长至十天，大部分戏目是连演两天的。

这十天的义演，孟小冬演了两天的大轴。而梅兰芳也在这次义演的名单中，他演八天的大轴。但直到义演落幕，两人都没见面。杜月笙的大寿，这两个人都是必须邀请到场的，但又因为两人之间经历过的情事，见面难免会尴尬，而且孟小冬也发过誓再也不与梅兰芳见面了。杜月笙是个聪明人，他当然两个都邀请，只是在戏目的安排上，他稍稍地调整，就能完全错开两人见面的机会，这是两全其美的方法了。

梅兰芳演出的那八天，因为没有小冬的戏份，她也就有理由不去戏园，而是留在杜公馆休息。轮到小冬演出的那两天，梅兰芳也没有出门，而是在家听了两天电台的转播。他的心事，自然明了，虽然时光的残酷和世事的纷扰，将他和小冬的缘分斩断，但那被拉长的情丝，依然残留在彼此的内心深处。当真那么决绝一走就不再想念了吗？

世上没有说不爱就能马上不爱的感情，你以为自己放下了所有，但那些曾经在一起爱过的所有记忆，却成了永恒。

1947年9月7日，阔别上海舞台已有十年的须生皇孟小冬，终于要登台了。那余门立雪的五年时光，也即将在这舞台上绽放其光芒。翘首以盼的戏迷早早就在戏园门口等待，人非常多，堵塞了马路，导致交通瘫痪，甚至出动了许多警探维持秩序。

余叔岩已逝，孟小冬难得登台，观众对余派的热情当然十分高涨。所以当天的戏票早就抢售一空，原本一张五十万元的票，被黄牛炒至五倍、十倍都有，但还是供不应求，很多人有钱还买不到，得想办法走后门。当时有位杂志编辑，即后来一直担任香港《大成》杂志社社长兼主编的沈苇窗先生，他非常想看孟小冬的这次演出，于是找到马连良，想请他帮忙弄张票，毕竟马也是著名的演员，和主办方有关系，肯定有法子弄到票，结果连马自己也没有票。

马连良当晚没有戏，也非常想看这出戏，于是在开演之前，他找到前台经理，请工作人员在二楼过道里加了一张凳子，然后和这位编辑朋友两人挤坐在这张凳子上，也心满意足地看完了戏。

就连名角儿马连良都求不到票，要挤在过道里看，可知当时的观众是非常多的。这种盛况说明，孟小冬非常受上海观众的热爱。她十几岁的时候，就是在上海唱红的。如今年逾四十，重登舞台，那魅力肯定是不可小觑。甚至有戏迷说："这种盛况，恐怕就连她（指孟小冬）的老师余叔岩、太老师谭鑫培到上海来，也是望尘莫及的。"

她这次所演的《搜孤救孤》又名《八义图》，是老生传统戏目，改编自中国古典戏剧《赵氏孤儿》，讲述了春秋时期晋国大夫赵氏因被奸臣所陷害而惨遭灭门后，医生程婴抚养赵氏孤儿长大并报仇雪恨的故事。

孟小冬扮演程婴。这出戏后来又经过多次的改编，有过很多版本，但据载，此次由小冬主演的版本是最为经典的，有录音传世。

重新站上舞台的孟小冬，心情到底是怎样的呢？是否为灯光而感到刺眼，为观众的喝彩声感到陌生，是否心里有些紧张，也许她还有千头万绪、万般滋味在登台的那一瞬间涌上心头吧。一个晃神，她的厚底靴略微侧了一下，所有人都替她捏了一把汗。此时坐在包厢的杜月笙也吓到了，替她担心起来。

然而，她是谁？她是孟小冬！

她迅速地调整心态，唱完前两句，全场爆发出热烈的掌声。无论是扮相还是嗓音，抑或是身段动作，都不减当年，甚至比当年唱得更有味道。这次戏情节紧凑，跌宕起伏，大段的唱词和动作，在小冬行云流水般的发挥之下，演绎得眉目传神，淋漓尽致。结束后，全场再次爆发出热烈而持久的掌声。

观众们要求谢幕，但孟小冬因为从来没有谢过幕，而迟迟没有出来。半个小时后，杜月笙亲自到后台去请，孟小冬在其他演员的陪伴下，便装登场谢幕。观众们一睹这位京剧老生的芳容，才满意地散去。

义演的这两场《搜孤救孤》非常成功地落幕了。孟小冬的演出完美得无可挑剔，用"此曲只应天上有，人间哪得几回闻"来形容一点都不过分。这出戏可谓奠定了她在京剧界不可动摇的地位。

杜月笙这次的义演非常成功地落幕了。

连续十天的堂会戏，是他这辈子举办过的天数最长的一次了。他是个酷爱皮黄的戏迷，每逢府上有什么喜事，都得办堂会戏。有人说他是"天字第一号的大戏迷"，和历史上的唐明皇以及慈禧太后，并称为中国三大戏迷。

他对戏剧的迷恋，一定程度上推动了京剧的发展，对梨园界产生过很大的影响。加上他背景的雄厚，对京剧的投入也是非常舍得的，一举办堂会戏，就会挥金如土，而且平时为人大方，有人说他比慈禧太后还大方。

这么热爱京剧的他，当然自己也是会唱的，只是因为口音问题，唱得差强人意。早年他还专门请老师到家里去教戏，生旦净丑样样都学。他最喜欢和最擅长的戏目就是《打严嵩》。虽然曾得过麒麟童等名角儿的指点，但是那改不了的浦东口音仍然让他唱出来会令人捧腹不止。

旧时代，唱戏的伶人身份是很卑微、低下的，就算是红遍大江南北，戏子仍然是个戏子，仍然低人一等，会被普通百姓看不起，但是杜月笙对待他们却是非常尊重。虽然他是青帮大亨，在外做事手段免不了卑鄙狠毒，但据传他对待下层的平民非常友善，特别是京剧演员。

他对孟小冬的情深，也许多少有些因为她是京剧演员的关系，姚玉兰也是京剧演员，这两个女人都是他最爱的人。

但虽然都是京剧演员，孟小冬和姚玉兰又是非常不同的，各有各的魅力和风采。和梅兰芳分手后，感情一直没有着落的孟小冬，终于情定杜月笙了，她这浮萍般的一生，也算是有所依靠了。

第六辑

如烟散尽

壹 绝唱

　　孟小冬唱戏唱了半生，却为京剧艺术付出了一生的精力。那些台前幕后的光彩照人，那一颦一动、举手投足间盛开的繁华，都成为记忆长河中被定格的永恒。这么名气大噪的京剧女演员，在梨园届的地位渐渐上升。早在世人评出"四大名旦"和"四大须生"之前，就有记者以"皇"来称呼她。

　　1928年的时候，二十出头的孟小冬已经和梅兰芳暗结连理，只是还未对外公开。那时她去天津演出，声势浩荡。加上又是"捧角儿"盛行时期，天津《商报》的一位记者沙大风，前文已介绍过此人，他非常欣赏孟小冬，在报章杂志上写文大捧特捧孟小冬，为她开了一个叫作"孟话"的专栏，专门记录孟小冬的演艺生活。他在文章中称小冬为"皇帝"，自称"微臣"，用这种新颖的风格来写文，让读者眼前一亮。

　　将一个年轻貌美的女坤生封为"皇帝"，确实大有偏爱之嫌，但不可否认，孟小冬的技艺是担得起他的赞誉的。"冬皇"这一称号，直到杜月笙举办的义演结束后，上海的《申报》开始引用"冬皇"来称呼孟小冬，并刊登赞美她的文章，从此"冬皇"就是孟小冬的代名词了。

沙大风在把孟小冬塑造为冬皇形象的过程中花了不少笔墨，起了很大的推动作用。据载，1938年8月19日天津的《天风报》刊登了沙大风的一篇文章，题为《喜冬皇将出台》，告知读者们孟小冬即将要登台演出的消息：

小冬吾皇，息影养晦，将及半年，一般善造谣言者，均谓吾皇卷青灯，虔心修度，决意绝迹歌台，此谣一出，天地变色，菊圃无光，而妖崇横行，群思篡窃正位，予以忧之，乃上表苦谏，务以天下苍生为重，再享四海臣民，再三表示前此休养，纯系圣躬稍有违和，今已霍然，约定闰七月中旬，必当重视宝相，慰喁喁之望，并属微臣力辟无稽之谣（按已奉旨恭为辟谣），从此日月重光，天地明朗，菊国正统（按谭大王升退以后，叔岩不出，王位非此人莫属），赖以不坠，一般窃号自娱之辈，闻此正言法曲，必当知所戒惧而稍稍敛迹也。

吾皇万岁万万岁。

文中有几次称孟小冬为"吾皇"，还出现"奉旨"、"微臣"之类的字眼儿，表示记者对孟小冬的极度崇拜。

据载，除了这篇之外，他后来又写了一篇，就在杜月笙的义演之后，他在上海《半月戏剧》第六卷第十期上发表了一篇题为《冬皇外纪》文章：

奉天承运，统一寰宇，当今圣主"冬皇"帝，名震四海，光被九州。声容并茂，加恩德于万民，聪明天禀，传谭余之一脉，此特出之对哲，必有其逾人之智慧，更必有其坚强奋斗之历史，……爰秉史官之笔，作本纪之传……吾皇见此，倘亦莞尔一粲耶？

吾尝分析吾皇剧艺及天赋，其嗓音实得天独厚，高低宽窄，无所不宜，底音醇厚，而有苍劲之敌，男子亦所罕见，岂天之独钟灵秀于吾皇耶？吾皇唱《捉放》"他一家大小遭祸殃"之"遭"字，满宫满调，真气充沛，有无限激昂情绪；《空城》之"大显威灵"之"显"字，真如石破天惊，"灵"字则又沉入九渊，有荡气回肠之致。此在男伶佳嗓，亦所难得，而吾皇竟独擅胜场。予观吾皇之戏，其声调激越，情感流露之处，觉较乃师为尤胜，所谓有状元徒弟，无状元师傅，叔岩因限于天赋，往往避重就轻，虚处以美妙轻灵为主，以腔韵取胜，吾皇则直入谭氏之堂奥，声调与情感相合，此所以能超越前辈，远迈时贤，而未见来者。上次在义演中之《搜孤救孤》，其一种义愤之气，溢于眉宇，而发于歌唱。回忆叔岩唱《搜孤》亦数矣，似未为人所重，吾皇偶以此冷戏相示，遂至举世风靡，其长处决不在于腔调，而在于神与古会，声与情合，此实艺术之最高峰。一般伶人，哪得语此？吾知吾皇读此作，必悚然不安，以为吾言之太过，实则吾只谈艺术，不杂情感，言发乎衷，不能自已也。倘有溢美之词，愿受天谴，是在真赏之士，定趣吾言。

……予近作感怀一首云："壮不如人老便休，撑身傲骨尚存留。江湖落托谁知我，风雨弥天一女优。"敬以此诗，跋吾此文，耿耿此怀，实与河山同其不腐也。

此文中多处地方称孟小冬为"吾皇"，可以看出作者对孟小冬的喜爱之情，他对孟小冬的京剧艺术做出评论，证明他是因才艺而欣赏她的，而不夹情感，但多少还是能看出他对小冬的偏爱。

自此以后，"冬皇"之称广为流传。

再说冬皇在杜月笙的义演上所表演的那两天《搜孤救孤》，竟成了她的绝唱。此时的她不过四十岁，正是如日中天的时候，她却选择了与舞台真正诀别。很多人想不明白，不能理解，并感到惋惜。她立雪余门的五年才学，就只表演了两出《搜孤救孤》，那辛苦学来的东西，就这样不管不顾了吗？

没有人知道她的真正想法是什么，我们只能猜测，也许是因为她那衰败质弱的身体再也难以负荷舞台生涯，又或是她累了，在自己还能够展现这么完美的技艺时，为大家留下最后的辉煌，然后从此不再演出，就让这辉煌永远留在人们的心中。不管小冬到底是怎么想的，她还是自己做了决定，自己选择的路，就要走下去，没有好坏之说，只是每一条路的风景都不一样，所领略到的东西都不同。

在这次义演的期间，据说还有多事之人，提议让梅兰芳和孟小冬合演《四郎探母》，想借此把他们两人聚在一起，旧情复燃。这个提议就是黄金荣提出来的。他知道孟小冬已经情归杜月笙，他想让杜月笙难堪。原因是此次杜月笙的大寿义演办得非常盛大，黄金荣到场时，杜月笙没有亲自出来迎接，只是被门徒引进，黄金荣感到面子挂不住，心里非常不爽。

当年杜月笙还是他的手下呢，如今风光就不念旧情了。黄金荣一时心生忌妒，便想出这个主意。但杜月笙当然不傻，他早就安排妥当，

210

把梅兰芳和孟小冬所演的戏都错开来。梅兰芳和孟小冬也不会再由外人牵着鼻子走了，两人甚至有默契地避开彼此，不再见面，无论舞台上还是私下里，都当真以此生不复相见的姿态，过着自己的人生。

义演结束后，孟小冬收拾行装，准备离开上海回北平，任杜月笙和姚玉兰怎么挽留都挽留不住。杜月笙万分不舍，能做的只是赠予她大量的金银首饰，然而孟小冬却不是那贪图物质虚荣的女子，她甚至有些失望，认为杜月笙亵渎了他们之间的情深。她只是拿走了一只刻有杜月笙名字的金表，其他首饰金银一点都没要。

她这次来上海演出，其实弥补了杜月笙之前在祠堂建成时独缺余叔岩和孟小冬的遗憾，也使这位慈善家扬名长脸了。孟小冬深知，她这次的辉煌和盛况，也有一部分原因是托赖杜月笙的捧场和支持，没有他也许就没有那么多人送来价值不菲的花篮之类的，为筹款增添了一些丰厚的资金。她怎会不知道，有很多人借着这个机会来奉承和巴结杜月笙，这次的荣耀，不单单是她的，还是属于他们的。

孟小冬临走前，除了带走此次演出所穿的程婴的褶子，其余的行头全部送人。她的做法，似乎在对天下说，她孟小冬真正与舞台诀别了，此生再不登台了。曾经对她来说那么重要的舞台生涯，就此宣告结束了。

她转身告别那浮华的上海滩，简简单单，把所有光华都留在那个绚烂的城市。

孟小冬走后，杜月笙心里还是十分想念她，对她感到有些愧疚之意。他想起小冬曾向他提过北平住房的困难，于是马上安排几个亲信门徒，到北平去替小冬购置了一处新房。新房子离小冬原来的房子不远，有宽敞的院落。但据说小冬也没怎么住这座房子。

孟小冬一生非常淡泊名利，所有虚名和浮华对她来说都只不过是过眼云烟，挥一挥衣袖，就会消散在漫漫的时光长河中。她做这样的选择，或许只是想把自己最惊艳的那一面，永远定格在舞台上，永远定格在人们的回忆里。她知道自己身体已经开始凋谢了，就算登台演出，也支撑不了多久，在芳华正茂的那一刻，收起所有的光芒，只为换来沉静的半生，能够恬静、淡然地度过那所剩无几的日子。

懂得华丽地转身，不留恋尘世的浮华，安然退场，过自己想要的生活，或许是对前半生的最好交托。

贰 名分

岁月匆匆，从没停下脚步。时代的变迁，像翻书一样，一页一页毫不停留地翻过去。那些烽火四起的篇章，刀光剑影，兵荒马乱，风云突变。抗战结束后，国内尚未安稳几日，东北战事又起，人民解放军解放了沈阳，战火直逼北平。

战局的不安扰乱了原本独居在杜月笙买下的宽敞房子里的孟小冬。当时小冬身体欠安，胃病常常折磨她。她终日无所事事，闲暇度日，时常和牌友们打打麻将。原以为日子终于能够安静、平淡地流逝，但时代的脚步却轰隆地踏过神州大地，激起一阵阵滚滚的烟尘。

孟小冬开始担心眼下的时局，有些六神无主。她听说北京城门每日早早准时关闭，并有武装士兵荷枪实弹地把守着，如临大敌一般。当下的局势到底如何，老百姓们都不知道，报纸上只是千篇一律的轻描淡写，任由谣言四起，闹得人心惶惶。此时小冬也闲不住了，忧心忡忡，茫茫前途，看不到归宿。

正当她一筹莫展的时候，一封来自上海的挂号信让她重燃希望。

患难见真情，在上海的结拜姐妹姚玉兰此时正担心着这个孤苦无依的妹妹，便写信给她，真切地邀请她来上海和他们一起生活。战争纷乱，动荡不安，总会让人心慌和恐惧，想要抓住一点什么来依靠，姐姐的信来得那么及时，孟小冬深受感动，马上收拾行李，准备往沪。

东西都打点了，准备启程，就在这个节骨眼儿上，淮海战役爆发了。从北京到上海的路被烽火阻隔了，一时之间无法离开，孟小冬守在家中，虽然心急火燎，却也只能茫然地等待消息。

而在上海的杜月笙早就料到这战事纷乱的局势，孟小冬来沪一定阻碍重重，于是神通广大的他包了一辆专机，派了两个亲信门徒前往北平，直接把孟小冬接到上海来。据说孟小冬最不喜欢坐飞机了，但这么紧迫的情况，又容不得她选择，就顾不了那么多了。

孟小冬到达上海后，依旧和杜月笙、姚玉兰住在一起。他们希望小冬此次来就不要再走，不要颠沛流离，从此和他们一起生活。孟小冬被他们二人温情脉脉的真心所感动，不禁热泪盈眶。她那颗冰冻的心慢慢地融化了。

天大地大，她孟小冬终于找到一处可以依靠和停留余生的港湾。曾经的那些璀璨星月，那些琉璃花事，那些绚烂光阴，都敌不过一个温暖的可以遮挡风雨的家。那时的她，总是身披戎装，在舞台气势如虹，她还没有感到孤独，她以为自己足够强大和独立，足够只身走在风雨中，永远傲骨盛开。然而，她也不过是个内心脆弱的女人，她也需要温暖，需要支撑，需要一个可以陪伴她度过每个日落黄昏的伴侣，需要爱。

或许爱情于她而言早就淡薄了，她需要的是让她心安的亲情。这也是她心甘情愿留在杜家，成为杜家一员的原因。她的感激并非用言语来表达，那太过苍白无力，她是用行动，来回报杜月笙以及杜家的关照。在往后的日子里，她一直陪伴在杜月笙身边，悉心照料病魔缠身的杜月笙。

她原以为，终于安稳下来的生活之河会静静地继续流淌，却没想到只是短暂的美好，生活永远超出我们所能预料的。1949年1月，天津和北平解放，淮海战役国民党惨败，同年4月，蒋介石被迫下台，准备逃往台湾，他召见了杜月笙，希望杜继续跟随他。

在这种紧要关头，杜月笙经过一番考虑和权衡，决定带着一家大小离开上海，但不是去台湾，而是到香港暂避。全家上下二十几口人，妻子儿女、管家门徒，都是他放心不下，人人都指望着他、依靠着他，当他聚集全家人说出这个决定的时候，所有人都顿时慌张起来。又要逃难了！

自从抗战胜利之后，杜月笙的那些赌场、烟馆全部都关闭了，杜家的经济能力已经不如从前，只出不进，有点结余都被朋友借光了，加上他年岁也大了，已近风烛残年。幸好儿女都长大成人，虽然前途茫茫，但还是有希望的。战乱时期，更加应该全家团结一心。

但是此时孟小冬却感到十分为难。她还不算是杜家的人，无名无分的，才从北平过来没多久，现在又要走，香港不比上海和北平，去了就可能不方便回来了。况且北平还有她的老母亲和弟妹们。一时之间，她有些举棋不定。可是她若不走，留在上海又只身一人，北平也是暂时回不去的，当下情况已经没有时间给她做详细的考虑了，况且杜月笙和姚玉兰一直以来对她情意深重，她无法舍弃他们，一转念，决定跟杜月笙一家走。

就这样，一切打点妥当后，离开上海之前，杜月笙去和黄金荣道别。当时黄金荣已经是八十岁高龄了，要走也走不动了，只想留在上海落叶归根。曾经在上海滩雄霸一方的青帮老大，如今也不过是个残弱的老者，岁月毫不留情地带走了他的一切，那些风光的昨日，也只是昨日而已。

杜月笙和黄金荣道别之后，孟小冬搀扶着他，在上海熟悉的街道走走。因为战争的关系，到处都萧条冷清，这些曾经辉煌过的地方，终是在时代的变迁中，变换着不同脸面。此次离开，也许此生都没有机会再回来了。一阵阵的伤感，伴随着风，吹进他们两人的心中。

因为杜月笙的哮喘病常常发作，不能够坐飞机，去香港最合适的交通工具就是坐船了。1949年4月，孟小冬跟着杜月笙一家登上了"宝树云"号轮船，向着未知的前途驶去。在那个兵荒马乱的非常时期，船票也是特别抢手的，就连杜月笙也只能弄到一张头等船票，其余的家属都只能分散坐在其他舱位。一路上，孟小冬和姚玉兰轮流到头等舱去服侍身体孱弱的杜月笙。

客轮顺着黄浦江水，缓缓驶出长江口，杜月笙在孟小冬和姚玉兰的搀扶下走到甲板，隔江望着那渐渐远去的上海滩，感慨万千。那里是他出生的地方，留有他的十里洋场，留有他厚重的乡愁。那一山一水，都在退后，退后，退到记忆中去。

经过四天的海上航行，终于到达香港。身患哮喘病的杜月笙经不起颠簸，身体状况更加差了，还好孟小冬在身边悉心照顾，让他感到安慰。也还好他早命人把落脚的地方打点好了。据载，他们在香港的杜公馆是一套三房一厅的房子，位于坚尼地台18号。虽然房子不算太小，但是杜月笙一家妻小、佣人等，人数不少，挤在一个不大的空间里，生活起来俨然和从前在上海的大宅没法比较。

杜月笙已经是病入膏肓的老人了，他不能像从前那么养家糊口，一大家子挤在逼仄的空间里，生活就像没有盼头的囚牢般，渐渐磨去人的意志。

在人生地不熟的地方，朋友总是能温暖彼此冰冷的心。据说孟小冬随杜月笙落脚香港的时候，马连良和琴师王瑞之都在香港。马连良在香港演出，并治病。当他得知孟小冬他们的到来，非常欣喜，每日都要到杜公馆去叙旧。每个星期五，他们都聚集在一起，私下唱唱戏。这对京剧演员的孟小冬以及戏迷杜月笙来说，是件苦中可以作乐的事情。

病重的杜月笙，偶尔精神比较好的时候，也会到客厅和他们一起唱戏。杜公馆每个星期都有吊嗓活动，王瑞之操琴，马连良更是兴致勃勃地兼任司鼓。小冬在这些时候，也会唱上一两段，甚是难得。

但是这样的雅兴时光并没有维持多久。杜月笙的病情日渐加重，发作时甚至要孟小冬或是姚玉兰举着氧气筒给他输氧，他才能维持那薄弱的生命。孟小冬非常担心他的病，也没心思唱戏了，只能每日每夜守在病榻前悉心照料他。

虽然他已经躲到香港来，但世事的纷扰还是缠绕着他。据外界的不同说法，有的人说杜月笙最后决定去法国，有的资料却记录着他是去美国。但无论是哪个国家，他都不会再留在中国了。做好决定后，杜月笙让管家当着全家人的面，一起算了一下要去的人有多少，一共需要办多少本护照时，在一旁的孟小冬说了一句话："我跟着去，算使唤丫头呢？还是算女朋友啊？"

这句话，孟小冬终于说了出来。原以为那逝去的光华，以及纷飞的战乱时光，已经将她对名分的执着抛到黄浦江里，然而，她始终是个纤纤女子，她仍然和许许多多的普通女子一样，终其一生，只为求一个名正言顺的身份。

早在孟小冬以身相许为报杜月笙和姚玉兰的恩情时，她就已经很想问清楚这个问题，然而一直没有机会。她从北平匆匆来到上海，又从上海匆匆地到香港，现在却又要跟随杜家匆匆前往另一个国度，那是比远方更加远的地方。她这一生从小就开始颠沛流离，如花的年纪时经历一场痛彻心扉的爱恋和短暂的婚姻，她原本已经心死不再爱上任何人，然而杜月笙的温情感动了她。

其实她心里对杜月笙的感情是挺复杂的，至少外人看起来是这样。在香港的这些日子里，她尽心尽力地侍奉着杜月笙，亲自煎药熬汤，陪伴在病榻前，昼夜不分。杜月笙也是情深义重的人，从一开始对小冬的欣赏和爱慕，到后来一直在事业上支持她，在生活上无数次地接济她，在情感上关怀她，对她特别怜爱。但孟小冬跟在他身边的这些年，却丫鬟不像丫鬟，情人也没情人的样子，没名没分，似乎有点说不过去。

孟小冬知道杜月笙一直以来对自己付出了很多，总在危难的时候向她义无反顾地伸出援手，她自然是心存感恩，并且相处下来的这些年，感情也日渐深厚，说没有爱那也是欺骗自己的。但她不想自己又在爱情和婚姻上悲剧重演，曾经和梅兰芳的那段感情，让她内心仍然有着挥之不去的阴影。那时年少，轻信他人美言，一点点幸福和誓言，就让她倾其所有去爱一场，结果被伤得遍体鳞伤，白白辜负了一生中最美好的那段时光。

如今想来，孟小冬当时确实也有内心不安的理由。杜月笙已经气数将近，虽然眼下还无忧虑，但是他一旦去世，她就没有继续依靠杜家过下去的理由了。虽然姚玉兰待她如姐妹，那又如何？始终不是血脉相连的骨肉，如若没有杜月笙，姐妹情分也许还可以维持，但是生活的艰辛和困难，是随时能够击倒很多东西的，感情就是最容易被击倒的。也许一个名分表面上并不能解决什么问题，但是这个名分对于孟小冬来说，就是一根救命稻草。

自从孟小冬进了杜公馆后，她自己也没有真正开心过，她所追求的幸福似乎还是离她很远很远。她身怀技艺，本来可以继续活跃在舞台上，却半生孤苦伶仃，一辈子都在与数不清的劫数抗争，却又一辈子都在生活的旋涡里迷失方向，她的一生可谓历尽沧桑。她在杜月笙已经六十岁的那一年进门，进门后长年和茗炉药罐为伴，那时杜家已经衰落，她没有分享过杜月笙的那些荣华富贵，没有，没有得到过最甜蜜的爱情，就因为这样，杜月笙在越病越重的时候，越觉得自己实在是辜负了孟小冬的一片情深。像她这种卓尔不群、艺貌双全的奇女子，让她踏进杜公馆这么一个复杂的环境中，长期侍候陪伴在一位已是风烛残年、气数将尽的老人身边，对她来说，确实是一件残酷的事情。

显然，在这种日子的消磨里，孟小冬并没有觉得幸福，甚至连心甘情愿看起来都有些迫于无奈，一往情深又如何？竟有种度日如年的感觉。当时令她感到稍微快乐的事情，就是还能经常和曾经的那些同行友人聚在一起，大家聊聊上海、北平和天津的消息，还能凑在一起吊吊嗓，唱几句过过瘾。

但是现在杜家又要逃离香港了，去往更加遥远和未知的国度，她不知道自己究竟是该跟着去，还是留下来合适。她以为能够过上安稳的日子，结果又一次迎来流离。此次远渡重洋，又不知何年何月才能回到故土，想想不禁令人担忧。她甚至想起当年和梅兰芳分手时信誓旦旦地说要嫁个比他好的人，虽然杜月笙也不错，但她这半生也过得太沧桑了，如果连名分都不能得到，对她来说也许是这辈子最悲伤的遗憾了。

她淡淡地为自己的将来说出了那么一句淡淡的话，但却在杜月笙心中敲响了什么，他恍然惊觉，自己竟然从未给过孟小冬一个名分，对他来说轻易就能做到的事情，却一直被他遗忘在脑后，他感到有些愧疚，并下定决心，当即在全家人面前宣布，暂缓申请护照之事，先和小冬结婚。

这个决定震惊了一屋子的人。大家似乎都不敢相信，重病缠身，说话都断断续续的杜月笙竟字字有力地说出要和孟小冬结婚。其实在他们眼里，杜月笙和孟小冬早就是夫妻了，孟小冬又天天悉心照料杜月笙，就像一家人一样，没必要在这种情况下办婚事，何况杜月笙已经一只脚踏进鬼门关了，要活也没剩多少日子，这样做完全是多此一举。家人大都在心里反对着，姚玉兰也是苦笑着劝说他，小冬早已是杜家人，何必多此一举呢？

以杜月笙的性子，他当然是不顾反对，坚持要和孟小冬补办婚礼。也许他明白孟小冬，曾经因为名分被伤得透彻，不忍让她再受这种精神折磨，又或许他是对小冬情深至极无以为报只能许她一个承诺。但无论是什么原因，他都决定了正式娶孟小冬。他随即吩咐管家，就在家里摆几桌，请些知交好友来，不必太隆重。管家从饭店定了十桌最高档的菜，并把大厨请来出菜。杜公馆摆不下十桌，临时又向二楼的人家借了大厅，一切料理妥当，亲友也全部到齐。

那一晚，六十三岁的新郎杜月笙，从病榻上下来，着一身新衣裳，坐在轮椅上被推到客厅，被搀扶着站在客厅的中央，和四十二岁的新娘孟小冬依偎而立。

已到中年的孟小冬着一身崭新的滚边旗袍，脸上脂粉淡淡，但气质和年轻的美貌都还在那经历过沧桑的脸上留有痕迹。

杜月笙用骨瘦如柴的手替孟小冬戴上一枚戒指，孟小冬的脸上露出难得的笑容，那笑容里蕴藏着对幸福的渴望，和对这个名分的心安。

杜月笙让子女们都改口叫孟小冬"妈咪"。

就这样，孟小冬成为杜月笙的第五房夫人。虽然到头来又是妾，但却是一个实在的名分，让孟小冬有了归属感。也许很多人不明白她，明明有很多选择，为何要委身于一个风烛残年的过气青帮大亨呢？

但世间的缘分就是这么奇妙，你所做的每个选择，其实都是合理的，虽然有很多更好的选择，但你所选的无疑是最合适的。不必怀疑自己，也不必怀疑别人，或许将来你会后悔，但只要做到对得起当初的选择，继续往前走，总会有不期而遇的人，以及意想不到的风景。

孟小冬正式嫁给杜月笙之后，两人的感情变得非常甜蜜，据载，杜月笙每天总会去孟小冬的房间里喝她熬好的汤药，一边听听她自拉自唱余派的唱段。然后两人靠在一起卿卿我我，说些私密的话。那时杜月笙已经病入膏肓了，比结婚前身体更加衰弱，他累了就躺在小冬的床上歇着。对此姚玉兰大有意见，有些不快。她认为这对杜月笙的病情不但毫无帮助，还会令他更加糟糕。

虽然孟小冬和姚玉兰是结拜姐妹，当初还是姚极力撮合孟小冬和杜月笙的，但是同在一个屋檐下生活久了，磕磕碰碰在所难免，彼此间生些罅隙也是正常的。

女人总是敏感而多疑的，就算是再好的姐妹，忌妒和芥蒂总会有的。加上杜月笙对孟小冬总归怜爱些，而小冬在这个家也总是比较清傲的姿态，姚玉兰越来越不待见她，她心里是知道的，也知道如何拿捏分寸，尽量和平共存。孟小冬从来都是安静的人，不喜欢争，只会恪守自己的本分，所有的委屈都会过去的。

这么多年来，她都已经是个习惯隐忍的女子，不争不抢，只过自己的生活。也许是早就看尽这世间红尘，人情冷暖，早就从演过的众多戏目中感知那些大悲大喜的俗世情感，使她趋向平静，毫无波澜。

然而，生活总是波澜起伏的。孟小冬和杜月笙结婚还没一年，杜月笙的病情就加重了，中风引起下半身的瘫痪，使他不能下床，只能躺着养病。他自知自己所剩时日不多，药石无灵，便拒绝一切的药物和治疗。临死前，他最不放心的就是孟小冬，他自知对小冬有所亏欠。但孟小冬是个懂得感恩和情深义重的人，直到他离世时，还是一直在病榻前照料着他，不离不弃，令杜月笙很是感动。

杜月笙本是上海大亨，腰缠万贯，但自从战争爆发后，他的那些生意都付诸流水，多次的逃难，使积蓄越用越少。最后只剩厚厚一叠别人的借条，以及一点点遗产。他自知命不久矣，便通知在台湾的心腹陆京士速来香港，替他料理后事。生前交下许多朋友的杜月笙，在生命的最后，却只有那么一个信得过的知己。

在弥留之际，杜月笙对守在病榻前的孟小冬和姚玉兰说出了最后的要求，他希望自己死后，灵柩可以送回上海，入土为安，落叶归根。

1951年8月16日，这位上海的大亨，在异国他乡病重而逝，享年六十四岁。孟小冬悲恸不已，这个懂她、爱她、怜惜她的男人最终还是斗不过病魔和命运，松开那枯瘦无力的手，将她留在这凄冷的世间。

叁 传承

　　"锦瑟无端五十弦，一弦一柱思华年。庄生晓梦迷蝴蝶，望帝春心托杜鹃。沧海月明珠有泪，蓝田日暖玉生烟。此情可待成追忆，只是当时已惘然。"

　　杜月笙一死，杜家也就散了。他的遗产都分给家属们，据说孟小冬分得两万美元。从前拥挤的杜公馆如今冷冷清清，家属们相继离开。姚玉兰在杜月笙死后的一年内，带着他的灵柩前往台北，杜月笙最后的一个遗愿终究是没有实现，他被葬在台北汐止墓地。而姚玉兰也在台北定居。

　　只身一人的孟小冬，孤苦伶仃，带着那两万美元，搬进了使馆大厦公寓。一代京剧冬皇的她，终是落得这样凄苦的半生。有人认为她选择跟杜月笙是错误的，又走了一条错路，在婚姻上总是失败，实在不值得。也有的人赞美她、佩服她。

　　我不知道她是否为那些曾经的每一个转身而后悔，但我可以肯定，那都是对得起她所承受的苦难。人生的每一个选择，并不能简单地用对错区分。既然选择了，就走下去。我想如果人生重来一次，孟小冬还是会这样选择吧。那些曾经的爱情带给她刻骨铭心的疼痛，教会她成为一个更加坚韧的女子。她一生不忘恩情，用半生报答杜月笙所有的付出。怪只怪天意弄人，让杜月笙这么早拂袖而去，留下孤苦伶仃的她。

今生短暂的相伴，走过每一段旅程，她是他的归宿，而他却只是她的过客。就算人生有多么地无奈，岁月多么地无情，命运有多为难我们，生活总会慢慢好起来的，只要你敢继续往前走，睁开眼睛，仍然能够看见前方的灯火通明。

孟小冬明白，天下没有不散的筵席，春花秋月，总会伴着那一声声的叹息和哀婉的唱词悄悄地逝去。很多东西只能成为追忆中的零落片段。此生注定孤独寂寞，也是别无他法。只要信仰依旧，初衷不忘，心灵平静，依然能在繁华的尘世，淡然地活着。

孟小冬孤身住在使馆大厦公寓，过起足不出户的深居生活。闲暇的日子，时光缓慢地流走，她有大把的时间，可以练练书法，研磨作画。彼时马连良等一些同行都相继回大陆了，孟小冬的知交朋友甚少，幸得琴师王瑞之，依旧留在香港，为人拉琴吊嗓谋生。他得空时就会去小冬家里坐坐，为她吊嗓。

他们闲聊时王瑞之向孟小冬提起杜月笙的徒弟钱培荣对余派极有兴趣，也略懂一二，真心诚意想要拜孟小冬为师，学习余派的技艺，当时因为杜月笙病重而未把这个念头提出来。小冬从记忆里努力回想起那位会用余派唱腔吊嗓的年轻人，觉得可以教教看，就答应下来。

钱培荣，江苏人，生于上海，比孟小冬大四岁。年少时毕业于上海法学院。自幼是个戏迷，十四岁开蒙，学唱京戏。曾参加过杜月笙组织的恒社票房，向不少谭派名家请益，又学过一点余派戏，还登台演出过《乌盆记》、《洪洋洞》、《捉放曹》等名剧。

他得知孟小冬愿意收他为徒，十分高兴，但他不敢贸然前去，还邀请了曾在杜月笙大寿义演中出演过《搜孤救孤》的赵培鑫一同到香港拜师，并且请了余叔岩的挚友孙养农作为引荐人一同前往。

孙养农，安徽人，父亲是个戏迷，他从小受到影响，也非常迷恋京剧。年幼时常随父亲去余府请益。他和余叔岩交情很深，也因此学了不少余派的戏目。曾登台演出过，扮相像极余叔岩。

据载，孙养农请孟小冬协助，口述编写一本关于余叔岩的书，叫《谈余叔岩》，当时是为了悼念余叔岩逝世十周年，孟小冬为此书写了一篇题为《仰思先师》的序言，如下：

夫阳春白雪，闻者每讶其高标。璞玉浑金，识者始知其内蕴。蓄之既久，发而弥光。大名永垂，遗风共仰。如我先师罗田余先生，抱云霞之质，兼冰雪之姿。家学绳承，振宗风于三世；万流景式，扬绝艺于千秋。舞勺之龄，名驰首郡；甫冠之岁，学已大成。以优孟之衣冠，状叔敖而毕肖；协宫商之韵律，啭车子以传神。忠义表于须眉，苍凉写其哀怨。尝开细柳，曾微服官社，结春阳推为祭酒。固已菊部尊为坛坫令，闻遍于公卿矣。及登英秀之堂，抠衣请益，折节揣摩，退结胜流，共资探讨。玉篇广韵考字定声，逸史稗官斠文比事。凡经搜考，咸能改观；尽扫伧俚之辞，悉合风雅之旨。太羹元酒醇而又醇，刻羽引商细无可细。九城空巷，四海驰声；盛誉攸加，修名斯永。余幼习二黄，涉猎较广。闻风私淑，盖已有年。立雪门前，瞬更五载。孔门侍教，愧默识之。颜渊高密传经，等解诗之郑（玄）。婢谬蒙奖，借指授独多。洎师晚年，忽感疡疾。呻吟床榻，已无指划之时；憔悴茗炉，犹受精严之教。景命不融，竟尔溘逝。余奔走朔南，迭经忧患。珠喉欲涸，瑶琴久尘。每感衣钵之传，时凛冰渊之惧。但期谨守，愧未发扬。养农先生少游北郡，即识先师。因气类之相敦，遂金石之结契。椿树巷中每停车，盖范秀轩内时为佳宾。谭笑既频，研罩亦富。华灯初上，小试戈矛。凉月满庭，偶弄拳脚。宛城宁武悉具规模，定军阳平尤征造诣。频年投荒岛上，时接清谈；共话昔游，每增怅触。近以所撰先师传记，举以相示。展诵一过，前尘宛然。悲言笑之，莫亲痛风徽之永隔。山颓木坏，空留仰止之思。钟毁釜鸣，谁复正始之格。此书之出，必重球琳。拙序既成，尤深憬忟。

孟小冬的这篇序言表达了对先师余叔岩的深切怀念之情，也是孟小冬为数不多的文章之一。开始步入晚年的她，虽然也会挥墨写字作画，但也是兴趣使然，没有留下太多的痕迹。

钱培荣和赵培鑫的拜师仪式简单却很正式，由孙养农举香，孟小冬以及那个徒弟向余叔岩的牌位跪拜叩头，仪式就算完成了。不禁让人想起当初余叔岩也是在同一日收下两个得意弟子。如今的孟小冬，也和先师一样，同一日喜得两个徒弟。

据载，赵培鑫拜师后，就回台湾去做生意，没怎么向孟小冬学戏。不善经商的他，触犯了法律，被判刑坐牢。他在狱中服役的时候，还演出过全本《四郎探母》，深受欢迎，甚至许多高官进监狱来看他的戏。他出狱后，到各处演出，一直受到好评和追捧。因此他自鸣得意，不再认真唱戏，余派不像余派，马派不像马派。消息传到孟小冬耳中，孟小冬大为不悦，和他断了师徒关系。

但是钱培荣不同，他学戏非常认真刻苦，就像当年立雪余门的孟小冬一样。他本来就有点底子，又勤快，每日下午准时到孟小冬住处学戏，进步非常快。孟小冬教戏和余叔岩一样，要求非常严格，一字一句都要达到她的要求才能继续往下学，一个唱段反复练习无数遍那是必有的事情。王瑞之，以前替孟小冬和余叔岩操琴，现在钱培荣学戏，他也在一旁贡献自己的力量。

我想，孟小冬看到如此用功学戏的钱培荣，是否会想起自己曾经的那些过往呢？

落叶纷飞了数个春秋，孟小冬在香港的这十五年，一共教给钱培荣十二出戏，每一出都是余派的精粹。分别是：《失空斩》、《珠帘寨》、《洪洋洞》、《捉放宿店》、《武家坡》、《二进宫》、《击鼓骂曹》、《搜孤救孤》、《乌盆记》、《战太平》、《定军山》和《御碑亭》。而这十二出戏，经孟小冬同意，在授课时由钱培荣录音，并且公之于世，成为京剧上珍贵的历史资源。

除了钱培荣这个入室弟子之外，孟小冬没有再正式收过徒弟了，当然，她还教过一些对京剧艺术非常热衷的外行人，这些人都不是以唱戏为生，而是票友。但孟小冬对待这些学生也同样严格，她要求弟子们，未经过她的允许，不能在外边随便吊嗓，不能随便演唱，甚至连王瑞之也受到限制。有人觉得她太保守，但这正是孟小冬对京剧的追求和负责。她秉承先师的教诲，将自己所学的教给世人，无私地传承着京剧艺术。

肆 知音

　　时间如水，从指缝间流走，流成生命的长河。孟小冬沿着长河一直走，她始终淡然地静静开放，如同一株兰花。那漫漫的时光里，她曾答应过杜月笙不再上台唱戏，身边的知交好友甚少。平日里的生活安静孤寂，总是一身素衣，面容素雅，面对这繁复浑浊的尘世，却丝毫不被沾染。

　　她独居香港的时候，深居简出，除了给上门来的徒弟说说戏，琴师王瑞之的陪伴之外，更多时候是自己一个人。她和先师余叔岩一样，晚年的作息是晚睡迟起，有一日，正是端午节那天，孟小冬早早起身，在客厅恭候一位稀客的到来。这位稀客就是国画大师张大千。小冬在门口隆重地迎接他，对他行了跪拜大礼，让张大千感到惶恐，也忙给她回礼。

　　这位国画界的一代宗师，曾在上海学画时，对京剧非常喜欢，常常去看戏，后来旅居北平的时候，和余叔岩成为知交好友。当时余叔岩盛情邀请他住进椿树街的余宅中，但因为张大千和他的起居方式不同，一个是晚睡晚起，一个是早睡早起，所以就婉拒了余叔岩的邀请。但他们当时来往甚密，常常一起去春华楼吃饭。当时春华楼的掌柜白永吉，是一位善于配菜的名厨，每次都让张大千和余叔岩对菜色非常满意。渐渐地便在京城盛传起一句话："画不过张大千，唱不过余叔岩，吃不过白永吉。"

张大千和余叔岩的友谊非常深厚。大千曾和同是著名画师的亲二哥张善子一起合作画了一幅《丹山玉虎图》送给余叔岩。余叔岩得到国画大师的画作，非常高兴，当作宝贝似的，平时都收藏起来，只有到了过年过节或者他生日的时候才会拿出来，挂几天就又收起来，非常珍贵。但对余叔岩来说，这么珍贵的礼物，最终还是在时代变迁中，辗转流失，直到后来由香港著名收藏家杨定斋先生珍藏。

后来张大千旅居香港，得知余叔岩的得意弟子孟小冬也在香港，便约在端午节这天登门探望。两人从此结下深厚的情谊。孟小冬知道他是先师的知交好友，对他十分尊敬。

但是相聚的时光总是短暂的，是年深秋，张大千准备一家大小迁居巴西。

离别对孟小冬来说已经经历过太多次，但她仍然在每次面对时，感到无奈和忧伤。人生竟是这么匆忙而来匆忙而去，没有人一直陪伴自己走完所有的旅程。总是遇见，经过，然后离散。但幸运的是，能够遇上许多美好的人以及美好的风景，也就应该知足了。在生命的洪流中，我们无法改变许多事情，但我们让正在流淌的时光变得有意义，变得美好，变得能够在日后的苍凉岁月里仍能记起那一点一滴的色彩斑斓。

孟小冬得知张大千要离开故国，虽然有些伤心，但还是和王瑞之一同前往他的居所参加欢送宴。张大千亲自下厨，烹调美食招待宾客们。席间有人提议，让冬皇展示才艺，唱一段戏，让大家饱饱眼福，也是为国画大师送行了。

　　孟小冬欣然答应，但她又提出让张大千喝一杯，据说那时张大千已经戒酒了，因为喝太多酒会引起手颤，影响画画。但他个性豪爽，没有推托，连饮两杯。孟小冬此时也有些微醉，她见宴席上没有陌生客人，都是好友，就不再拘束，让王瑞之操琴，开始唱《贵妃醉酒》。孟小冬是余派老生，但却反串一次贵妃，而且是用正宗的梅派戏路来演绎。据说虽然没有装扮和行头，身着平常的素色衣裳，却和正式的表演无异。那传神的栩栩如生的演绎，让在座的宾客都惊叹，看得入神。

　　孟小冬的这出梅派《贵妃醉酒》，让张大千想起梅兰芳，他和梅兰芳也是好友。虽然他是国画大师，但是为人爽朗，热情幽默，对戏剧的喜爱使他结交了不少名伶角儿。他还对京剧的脸谱有深刻的研究。

　　在这次欢送会宴上，不轻易开口唱戏的孟小冬难得为张大千表演了一段戏，使他深受感动的同时，又觉得惋惜，因为没有录音机把冬皇的妙音录下来，无法将这传世的歌声一起带往遥远的异国。

　　孟小冬得知张大千有这个小小愿望，于是在所住的使馆大厦公寓，让王瑞之操琴，自己唱了一段，用录音机录制一卷录音带，托人送到准备上飞机离开祖国的张大千手中。张大千得到录音带后非常高兴。孟小冬就是这样，自己的力量尽管有限，也不吝啬于付出，对待朋友总是一片真心。

　　这颗真心，也换来了朋友的诚意。据载，此后每当张大千来港，总是会到孟小冬的住处去探望她，听她唱唱戏。他后来患了眼疾，但因画作依旧功力不减，许多人都不相信他患病，以为他是用眼疾来拒绝索画的人。唯有小冬坚信他的眼疾是实事，并为他辩解。张大千遇此知音，十分感动，特意为小冬画了一幅"荷花图"相赠。荷花出淤泥而不染，就像孟小冬那样，无论尘世如何浑浊纷扰，无论命运如何摧残，她依然以高洁的姿态屹立在水中。

伍　曲终

　　花开花落，云卷云舒，人聚离散，总是来去匆匆。蓦然回首，那流年已逝去大半辈子，在这孤清的旅途上，孟小冬身边的那些人，丈夫、姐妹、好友渐渐离散在天涯。独居在香港的这数十年，在那些万家灯火照亮漆黑的夜晚，她一定曾想念遥远隔岸的家乡，想念母亲，想念院落里会开花的树，想念那条通向戏园的路，想念舞台上的那些身影。

　　既然想念，也许可以离开香港，回到北平，但是她此生却再没有回去过。

　　1963年春天，北京京剧团应邀组织"赴港演出团"，由马连良等著名的戏剧艺术家赴香港、澳门等地访问演出。这次的演出，周恩来总理十分重视和关心，在剧团临行前，总理设宴为他们钱行。席间周总理谈及孟小冬，他曾经看过她的戏，非常欣赏和钦佩，认为这么有价值的艺术应该好好传承下来，他嘱托马连良等人，到香港后尽力劝服冬皇回陆，又或者把她的妙音录制下来。

　　剧团带着总理的嘱托，到港后拜访了孟小冬，正式邀请她回大陆献艺和观光，并向她提出录制唱片以及拍摄电影。孟小冬仔细考虑后，觉得自己心有余而力不足，她身体已经衰弱，暂时不能回大陆演戏或观光，至于录制唱片，早年先师余叔岩已有十余张唱片遗留在世，就算她再录制也会有很多重复，实在不必浪费精力、物力。倒是拍摄电影，她十分有兴趣，考虑过后还向负责人提出过几个要求。

若能够将冬皇在舞台上的表演拍摄下来，无论对小冬还是后人来说，都是极其珍贵的纪念。但是由于种种原因，这拍摄计划最终没能实现，实在非常遗憾。

剧团的此次邀请，并没有让小冬回到故土。其实早在1957年的时候，全国政协常委兼中央文史研究馆馆长章士钊曾亲自到港拜访孟小冬，并多次劝说她回大陆。当时章士钊已经是七十岁高龄，还不辞辛苦地奔波，并写条幅赠予小冬：

当时海上敞歌筵，赠句曾教万口传。
今日樊川叹牢落，杜秋诗好也徒然。
绝响谭余迹已赊，宗工今日属谁家。
合当重启珠帘寨，静听营门鼓几挝。

孟小冬虽和章士钊有些交情，杜月笙生前还和章士钊是故友，但最终她还是没有答应回大陆，以身体多病为托词，婉拒了他多次的盛情邀请。

没有人能说动冬皇，也许我们不能明白为何她如此固执，但她这样做自然有她的理由，就算天下人都不明白她、不理解她，她依然是这么安之若素地走自己的路。或许那故土对她来说，只能尘封于记忆深处，那个让她红透半边天的琉璃之城上海，那个她曾倾付了一生最美的花样年华的北京城，都只化成午夜梦回时或是静坐于窗前的黄昏时，轻轻捡起的时光，铺满了回忆的味道，在袅袅的清茶香气中淡去。

她已经用这么决绝的姿态告别从前的一切繁华，却依然有人怀疑，她是否真的这么洒脱，还是在逃避一切。据传有人见过她房里挂着几幅曾经的演出剧照，其中有一幅很特别，是她扮演《武家坡》里的薛平贵，而旁边原本站着的王宝钏，被裁剪过，不见了，只剩一个空荡荡的竖条。不用说都知道她原本旁边的人是谁。

《武家坡》是京剧《红鬃烈马》中的一出折子戏，故事是讲出身高贵门第的妻子王宝钏独居破瓦寒窑十八年，在困顿中写下血书，托鸿雁寄往西凉。丈夫薛平贵得信，急返长安，在武家坡前遇见王宝钏。夫妻分离十八年，容颜难辨，不敢贸然相认。薛平贵借问路试探宝钏，王宝钏坚守贞节，逃回寒窑。薛平贵赶至窑前，细说缘由，备述前情，夫妻才得相认。苦守十八年的王宝钏和丈夫重逢，但最终却换来十八天的短暂厮守后郁郁而终。

这个悲伤的故事，是否就是预示了孟小冬和那个她曾深爱的男子的最终的结局呢？轻轻念起那个落满岁月尘埃的名字，梅兰芳。小冬心里也许会有翻江倒海的情绪涌上心头，又或者只是轻轻掠过心间，隐隐作痛。人们纷纷猜测，那个被剪掉的人是梅兰芳扮演的王宝钏。若说孟小冬真的放下那段感情，还会这么幼稚地将他的样子剪掉吗？但当年也许她真的还没放下，被深深地伤害过，心中悲痛一时难以发泄。如今岁月流过渐渐变白的发丝和不再年轻的脸庞，一切都只会变得云淡风轻。

就这样，不愿随波逐流的冬皇，寂寂地留在原地，安然地过日子。她一生经历过太多的流离失所，一直追求着安稳幸福的生活，或许她已经累了，不想再奔赴一场令人筋疲力尽的旅途。总是背井离乡，流浪过一个又一个流转不停的城市，午夜梦回时，总是伤感地轻叹，何处是归途，何处才是最终安稳落脚的天堂。那时的她还不知道，自己又将启程，度过重洋，去一个崭新的彼岸。

那一年，六十岁的孟小冬，和十五年没有联系的曾经的好姐妹再次取得联系。1967年的一个风和日丽的暖春，台北的姚玉兰接到一个长途电话，是孟小冬打来的，让她尤为震惊。孟小冬告诉她，最近有个朋友找她借钱投资生意，但此人不可信，怕是骗子满口谎言。她拒绝此人后，听说此人会找上姚玉兰，她特别担心姐妹被骗，便打电话好言相告。

曾经的姐妹断绝关系，十几年没联系过，孟小冬居然还挂念着，令姚玉兰十分感动。人与人之间的关系总是这么奇妙，以为缘尽缘散，却还千丝万缕。多年的姐妹情分犹在，令彼此心中思绪万千，记忆回涌。一个电话，唤起所有旧时光，这十几年的岁月，通过电波呼啦啦从两人的眼前飞过，化解了从前结下的误会。

姚玉兰担心小冬在港孤身独居的生活，像浮萍一样没有依靠，便劝说她搬到台湾一起住，彼此有个照应。孟小冬经过考虑后，接受了姐姐的邀请，于1967年初秋，搭乘轮船前往台湾，她人生里最后的一站。

孟小冬到达台湾，姚玉兰高兴地前往码头迎接。在台北定居下来后，孟小冬原以为能够安静地生活，但是没想到自己的名气太大，她这一来，就引来许多在台的各界人士前往拜访，请益的，采访的，邀约演出或者宴会的都纷纷向她伸出渴望的双手。为此小冬感到为难，她体弱多病，已到风烛之年，此次来台，只想安享晚年，便——拒绝了这些盛情邀请。

孟小冬在台北落脚后，住在信义路的一处房子，依然过着独居生活。但她不孤单，因为有姚玉兰和杜二小姐等一众亲友的照料。据载，姚氏母女每日必到孟小冬的住处去陪她，杜二小姐更是与她情同母女，对她细心照顾。

孟小冬虽然向来性格清傲，但晚年培养了许多兴趣爱好。她喜欢和亲友们打麻将，不仅会刻章、英文和太极拳，喜欢看电视，又或者吊吊嗓，吸吸烟，精神好些的时候，还会临字帖或者泼墨作画，很多这些文艺的东西，其实都是许多年前，自己还是那个倾国倾城的貌美女子时，在那间幽幽深宅的"金屋"里喜欢上的。没想到许多年后，当自己老了，不再以登台唱戏为生，那些大段的闲暇日子，竟由这些东西成了主旋律。

自从答应过杜月笙不再登台唱戏后，孟小冬信守承诺，只会偶尔在私下里没有陌生外人的情况下才会一展技艺。她对京剧艺术态度是十分认真和严谨的。就算是给前来请益的学生讲戏，也是要求非常严苛。是啊，京剧对她来说，就是生命最重要的一部分，当然要用一生的真心来对待。极少留下文学作品的她，除了当年那篇《孟小冬紧要启示》以及《仰思先师》的序言之外，后来在台湾还写过一篇极有意义的文章，《纪念先师余叔岩先生》，有些片段令人印象深刻：

　　……我们知道：做一样学问或艺术，总不外乎三个条件，第一是天赋，第二是毅力，第三是师友。没有天赋，不能领会；没有毅力，半途而废；没有师友，无人研究。先师既有天赋，也有毅力，更有良好的师友，而他老人家那份困心衡虑、努力向上的精神，只有亲炙于他的人，才能体味着他那份心胸。《孟子》上说："天将降大任于斯人也，必先苦其心志，劳其筋骨。"他老人家在艺术上的早就，是有其原因的。

……我在未曾立雪余门之前，对于谭剧已下了不少年的功夫，也经过了不少名家的指点，但听了先师的戏之后，不觉心向往之，门墙虽高，终成我愿。记得当年，自己每晚下戏之后，再赶往听先师的大轴戏，彼时影响之深，获益之多，非可言喻。及入门以后，先师精心教授，不厌其评，使我今天得有具体而微的相似，实在难忘先师严格的训诲。想起从前椿树头条受教之时，范秀轩中谈笑风生的情况，历历在目，真是每天每刻没敢把先师的声音笑貌忘却一点。驹光不驻，自己亦已六十开外之人了，能无枨触而惭愧？

……多年以来，国剧寝衰，所幸香港台湾两地甚至远在美国，研求此道者，颇不乏人，而余派唱腔，亦仍到处可以听到，此较"满城争唱叫天儿"的时代，着实开阔了许多。先师天上有知，亦必欣然色喜，为门人的我，定当贾其余勇，来光大师门，以报先师的恩德也。

这篇文章处处发自肺腑地感念恩师的才德以及抒发对恩师的怀念之情。她从不敢忘记恩师的训诲，用同样的方式传授后人。晚年的她余派技艺已经达到很高的造诣，但她从未用外人怂恿的所谓"孟派"来标榜自己。她一直坚守，将余派发扬光大，虽然最后没能培养真正的传人，但已无愧于自己，无愧于恩师。

年事渐高的孟小冬，在台北虽有亲友细心照料，但最终还是没能逃过病痛的折磨，她常年患有气喘和咳嗽，又经常吸烟，加之年轻时熬坏了身体，已是残烛之躯。

主持人蔡康永曾在《我见过晚年的孟小冬》中有这么一段描述：

那天爸爸刚坐下，转头看到了最里面长桌末端，坐了位大概是穿灰色宽松旗袍的圆润老太太，他过去打完招呼后，回来告诉我，那是杜夫人，杜月笙的夫人，孟小冬。

当时我虽是小孩，但大概因为是上海家庭，我已听人提过杜月笙大名，只是当时我颇头晕，因为我一心以为杜月笙是极遥远的书中传奇人物，怎么会这么平常就能在餐厅随便遇见杜月笙的太太？杜月笙家人啊！起码也该有十个八个保镖随侍在旁吧，不是吗？

当时再听我爸说，孟小冬人称"冬皇"，是当年京剧界第一坤生，我更是头晕，其实当时台北也有坤生演京剧，但那是戏台上的事，戏台上的人哪会坐在餐厅里吃饭？我模糊记得，我有再转头看看老太太，想看出点"冬皇"派头，但只记得望去一片影影绰绰，灰扑扑的，实在看不出"冬皇"的架势。

我是小孩，那时还不懂得：无论你是哪界的帝，哪界的皇，一被岁月搓洗，都只能渐渐化为灰扑扑的影子。

孟小冬暮年时的身影，也只是留给后人一个灰扑扑的影子。曾经的光芒都收敛在逝去的时光里，发酵成一抹黄昏的余晖，浅浅地落身后。十年台北，荏苒而过，1976年深冬，孟小冬迎来六十九岁寿宴，虽然席间谈笑风生，但孱弱的身体终是经不住劳累，病情加重，甚至陷入昏迷。

冬皇的生命已到奄奄一息的地步，虽请来医生治疗，但也未有起色。大概所有气数将近的人都能预料自己的死亡之期吧，她委托陆京士，为自己选了一块墓地，她是虔诚的佛教信徒，安寝之处就决定在台北的一处佛教公墓。

1977年5月26日，孟小冬在医院病逝。一众亲友为她妥妥帖帖地料理丧事。孟小冬生前为人处世都是极为严谨，就连死亡也安排妥当。她总是孤身一人，半世繁华，半世忧伤，孤身地来孤身地走，一生漂泊流离，终于能够安躺于一方幽静的归属之地，有一方属于她的墓碑，张大千题字"杜母孟太太"。

一代京剧冬皇孟小冬，仙逝长眠。

她一生如戏，在生命的最后，转身挥散一世的繁华与苍凉，那残留的余韵妙音，婉转地哀伤了前尘旧梦，曲终人散，落幕退场。

附录：

孟小冬大事年表

1908年 1岁

12月9日，生于上海梨园世家，名若兰，字令辉，乳名小冬。

1912年 5岁

随父亲孟鸿群练功，并往无锡等地演出，扮演娃娃生。

1916年 9岁

得姨父仇月祥收为徒，以老生开蒙，不入旦行。

同年秋，首次在上海登台演出堂会戏《乌盆记》。

1919年 12岁

3月，首赴无锡正式演营业戏，打炮戏《逍遥津》，一炮而红。

两个月共演68场。

7月，再次到无锡献艺，共演110天。

12月，加盟上海大世界游乐场乾坤大京班。

1920年 13岁

11月，与大世界游乐场合同期满。

12月，加盟黄金荣开设的共舞台，改艺名为"孟小冬"。

1921年 14岁

11月，与共舞台合同期满，结束演出。

1922年 15岁

8月，与师父仇月祥、胡琴圣手孙老元赴汉口演出。

期间和老生姚玉兰结拜为姐妹。

1923年 16岁

春，结束汉口演出，回到上海。

秋，与武生白玉昆组班，北上天津演出。

1924年 17岁

北上途中，滞留济南演出数月。

6月，第三次到无锡，演出6日。

1925年 18岁

6月，抵达北京，演于三庆园，一炮而红，名震京城，灌制4张唱片。

夏，小冬父母及弟妹由上海迁居北京。

8月，参加北京第一舞台盛大义演。

同月23日，与伶界大王梅兰芳合演堂会戏《四郎探母》，引起轰动。

不久，又合演《游龙戏凤》。

深秋，杜月笙受黄金荣之托，到北京找露兰春，并到孟小冬府上拜访。

1927年 20岁

正月，经撮合，与梅兰芳结为伉俪。婚后脱离舞台，息影"金屋"。

9月，冯宅惨案发生，张汉举代梅遭枪杀。孟、梅皆受影响。

1928年 21岁

9月，与梅发生口角，梅偕夫人赴津演出，小冬也到天津商演十余天。

11月，与梅和好，同往广州、香港等地，关系公开。

1929年 22岁

12月，梅赴美访问演出。孟留在"金屋"。

1930年 23岁

8月，梅顺利回国，梅母去世，孟到梅宅，欲以儿媳身份尽孝，受阻。

1931年 24岁

7月，孟提出分手，回到娘家，欲寻短见。

1932年 25岁

2月，父亲孟五爷病逝。

4月，梅兰芳全家由北平迁居上海。

9月，孟在津拜苏少卿为师，演于天津。

1933年 26岁

9月，在《大公报》发表《孟小冬紧要启示》，并重返舞台。

1934年 27岁

12月，拜余叔岩为师。

1935年 28岁

11月，赴上海为黄金大戏院剪演出。

1937年 30岁

5月，应邀前往上海与章遏云、陆素娟为黄金大戏院剪彩，后留宿姚玉兰家中，经姚玉兰撮合，委身杜月笙。下半年，因战乱，杜、姚逃往香港，孟回北平。

1938年 31岁

10月，正式拜余叔岩为师，喜得琴师王瑞之。

1939~1943年 32~36岁

立雪余门，苦练5年。余叔岩病逝。

1945年 38岁

9月，往上海和杜月笙相聚。

1946年 39岁

小冬辞别杜、姚，回京。

1947年 40岁

5月，为杜月笙六十大寿义演排练，到上海。

9月，义演十天，因身体欠安，只演两日大轴，均为《搜孤救孤》。义演结束，即回京。

1948年 41岁

下半年，战乱，孟受姚之邀，到上海同住。

1949年 42岁

4月，随杜家赴香港。

1950年 43岁

与杜月笙在港补行婚礼。

1951年 44岁

8月，杜月笙病逝。孟分得2万美元遗产。

11月，与姚玉兰失和，姚往台湾定居。孟迁居使馆大厦公寓。

1952年 45岁

春，在港收钱培荣和赵培鑫为徒。

端午节，与张大千结为知交。

1955~1966年 48~59岁

期间多人来劝回陆定居，孟没答应。独居香港，教徒授戏，闲暇度日。

1967年 60岁

与姚玉兰和好，9月接受姚的邀请，赴台北定居。

1968~1977年 61~70岁

10年在台北静养，于1977年5月26日病逝，享年70岁。

图书在版编目（CIP）数据

我愿为你洗尽铅华：孟小冬传 / 华子著 .—北京：
中国华侨出版社，2016.4

ISBN 978-7-5113-6041-0

Ⅰ.①我… Ⅱ.①华… Ⅲ.①孟小冬（1907~1977）– 传记
Ⅳ.① K825.78

中国版本图书馆 CIP 数据核字（2016）第 080019 号

我愿为你洗尽铅华：孟小冬传

著　　者 / 华　子
责任编辑 / 叶　子
责任校对 / 王京燕
经　　销 / 新华书店
开　　本 / 670 毫米 × 960 毫米　1/16　印张 /16　字数 /180 千字
印　　刷 / 北京建泰印刷有限公司
版　　次 / 2016 年 6 月第 1 版　2016 年 6 月第 1 次印刷
书　　号 / ISBN 978-7-5113-6041-0
定　　价 / 29.80 元

中国华侨出版社　北京市朝阳区静安里 26 号通成达大厦 3 层　邮编：100028
法律顾问：陈鹰律师事务所
编辑部：（010）64443056　　64443979
发行部：（010）64443051　　传真：（010）64439708
网址：www.oveaschin.com
E-mail：oveaschin@sina.com